中外巨人传

赵 匡 胤

荆世杰 著

辽海出版社

图书在版编目（CIP）数据

赵匡胤 / 荆世杰 著. —沈阳：辽海出版社，2011.7
（中外巨人传）
ISBN 978-7-5451-1189-7

Ⅰ．①赵… Ⅱ．①荆… Ⅲ．①赵匡胤（927～976）—传记
Ⅳ．①K872=441

中国版本图书馆 CIP 数据核字（2011）第 118882 号

责任编辑：柳海松
责任校对：顾　季
装帧设计：马寄萍

出　版　者：辽海出版社
　　　地　　址：沈阳市和平区十一纬路 25 号
　　　邮　　编：110003
　　　电　　话：024-23284473
　　　E-mail:dyh550912@163.com
印　刷　者：天津海德伟业印务有限公司
发　行　者：辽海出版社

幅面尺寸：165mm×230mm
印　张：14
字　　数：155 千字

出版时间：2012 年 5 月第 1 版
印刷时间：2019 年 1 月第 4 次印刷
定　　价：29.80 元

·目　录·

赵匡胤

前 言

宋建于公元 960 年，至 1279 年亡于元朝，前后 319 年。它与汉、唐、明三朝是中国历史上历时最久的四个王朝，唐宗、宋祖也历来并称。有宋一代在中国历史上是一个极为重要的朝代，赵匡胤是少有的圣主明君，这都是毫无疑义的。

北宋时期的中国虽然仍处于分裂时期，但它统一了中国的大部分，建立了一个相对统一的王朝，结束了五代十国的分裂局面。北宋社会安定，社会经济取得了巨大的进步；其富庶超过盛唐，经济总量占到当时世界的二分之一。文化极盛，文人辈出。李煜，欧阳修，三苏，王安石，范仲淹，黄庭坚，李清照，柳永……无一不是几千年文坛闪闪发光的明星。就文学形式而言，宋词则与唐诗并列，是中国文学发展史上的一个顶峰；古文、通俗文学及说唱艺术发展迅

赵匡胤像

速；儒学得到了新的发展，大儒辈出；史学硕果累累，出现了《资治通鉴》这样的巨著；印刷、火药、指南针三大发明的完成和发展则是其科技飞跃的显著标志，对后世中国文化的影响也极为巨大。清代著名思想家严复说过，人心政俗方面的变化，在赵宋一朝极大。换句话说，中国所以是目前这个样子，与宋朝历史文化关系重大。史学大家陈寅恪先生更认为中国文化在经历数千年的演化后，"造极于赵宋之世"，也就是说在宋代达到顶峰。在西方与日本学界，认为宋朝是中国的文艺复兴时期及经济革命时代的都大有人在。

宋朝的经济社会文化发展集中表现在东京的繁华上。东京是当时全国的政治、经济、文化和军事中心，被称作"水陆都会"、"北国江南"。它也是世界上最大的城市，人口逾百万，富庶甲天下。有人说，宋代汴梁与长安相比，缺少一些汉唐气势。与洛阳相比，它缺少了一些魏晋风度。但它的繁华却从未有人置疑。孟元老的"东京梦华录"曾记载其繁华，张择端的"清明上河图"也曾图写其热闹，不过画中所展现的让后人为之惊叹的繁华也仅仅是当时汴梁东郊的一部分而已。

宋朝被公认为中国历史上经济、文化、教育最繁盛的时代之一，然而另一方面，它又常被视为中国历史上最软弱、最窝囊、最无能的朝代，"积贫、积弱"，国家财政上的窘迫如影随形地伴随着帝国的所有时期；经年不振，军事力量在面对外部的挑战和凌辱时，很少能够找到令人骄傲的记录，连续受制于北方的少数民族政权。这种看起来完全矛盾的状态，却一直真实地存在着。北宋中期王安石试图变法图强，振衰起弊，不料却引起党争，进一步削弱了宋朝的力量。最终招来了靖康之耻，国破家亡。

而这一切的一切，无不都与宋朝的开国皇帝赵匡胤密切相关。宋太祖赵匡胤在收拾江山时，内抑藩镇，外平诸侯。在取得天下短短的十几年时间内，就一改唐末到五代十国上百年的混乱及贫困，国家安定，欣欣向荣。按照其稳扎稳打的治国思路，再过几年，就可以完成中原统一，专心收拾辽之外患。或许也能认识到大宋朝中央集权之害及扬文抑武的不足，进而作出突破性的革新。那么宋朝的气象，又将一变。可惜天不假年，遂给宋朝历史留下了巨大的遗憾。太祖之后，太宗赵光义（原名匡义，后因避兄讳改名光义）不及乃兄气魄，不知权变，只是兄规弟随，以守成为主。终至于演成冗官、冗兵，积贫积弱，外战乏力的局面，不可收拾。

　　本书的写作，是希望能让读者以读演义类图书的轻松，获得相对真实可信的历史知识。不虚构人物，不虚构事件，广泛搜集相关史料，理清人物生平次序、历史脉络，并希望能用明白流畅、轻松幽默的语言，顺着大致的时间线索，讲述一个个前后相续、精彩叠呈的历史故事，辅之以相关典章制度。对语焉不详、疑窦丛生的民间传说与历史之谜，则取信则传信，疑则传疑态度，述而不断，不致引导读者形成偏颇之误。总之，细心整理，合理诠释，力求兼顾历史感与可读性的平衡。

　　最后，在写作过程中，受益于前人及时贤著作帮助及启发良多，惜限于体例，不能一一注明，在此一并感谢！

一、神奇少年

乱世出英雄，是中国人对乱世最辩证的看法。赵匡胤所处的时代大概是中国历史上最为混乱的时代。从一个带着异香出生的婴儿，到长大后成为一个调皮的少年，最后闯荡江湖，投身行伍，成为乱世中的一个军头。他为改变人生的轨迹，已做好了充分的准备。

1. 五代乱世

中国历史上最鼎盛的王朝唐朝在公元 906 年灭亡，代之而起的先后有五个短命王朝。除此之外，江南、西蜀又各有十一国先后割据称雄。这就是中国历史上的五代十国时期。

五代十国是中国历史上最黑暗的时期之一。造成这种局面的原因其实还在唐朝。从唐中期的安史之乱以后，历经藩镇之乱到黄巢起义，天下纷乱不止。五代时期，天下丧失约束，军阀混战，或轮流坐庄，或割据一方，中国历史进入了空前的乱世。先是黄巢降将朱温在剿灭黄巢的过程中坐大，成了势力最大的军阀和权臣。朱温借宰相崔胤密招之机，将上百年来操纵皇帝废立的宫中宦官与在外监军的宦官一并扫除殆尽。唐朝虽然铲除了一个毒瘤，却也大伤元气。朱温还在一怒之下拆除了长安，并把皇帝李晔与长安居民一起裹挟着迁到了洛阳。他也来了个挟天子而令诸侯，但比曹操走得更远。对李晔招牌性的价值，并不怎么看重。仅仅四个月，他就废掉了李晔，另立李晔的儿子李柷为帝。三年后，他干脆令李柷禅让，定都开封，建立了后梁。

但朱温皇位不稳，六年之后被儿子杀掉。他的儿子在位也不超过 10 年，就被沙陀人李存勖取而代之。沙陀人以李姓自居，重建了唐朝，但毕竟不是货真价实的唐朝，所以史上称之为后唐。依时间论，赵匡胤就出生在后唐，可谓乱世英雄了。其实，梁、唐的换代不过是中原王朝走马灯式嬗递的开始。其后，在五十四年间，中原政权更替频繁，战争持续不断。父子相残如朱温父子，认贼作父无耻如石敬瑭，均是无所不用其极。强梁横行，肆意杀伐。打开这个时期的史籍，"千里无烟"、"邑无烟火"、"僵尸蔽野"的记载，史不绝书。这些短命朝廷的统治者，无不严刑峻法，重赋苛税，很少有顾及人民生死的。

只是到了后周郭威、柴荣时期，统治者才开始关注民间疾苦，民生得以改善，国力得以复苏，情况才为之一变。出身寒微家庭、历尽苦难的后周太祖郭威体恤民情，勤政爱民。虽然他只做了三年皇帝，但是幸运的是他的养子柴荣也是一代英主。柴荣在位期间稍长，并取得了更大的作为。在政治上，他加强了中央集权；在军事上，他着重加强了军队的战斗力，并启动了统一中原地区的计划。先后征讨后蜀、南唐，夺取了前者的秦（今甘肃天水一带）、凤（今陕西凤县东）、成（今甘肃成县）、阶（今甘肃武都）四州，后者的江北与淮南之间的十四个州。柴荣甚至还展开了北伐契丹的计划，想解决燕云十六州的问题。但天有不测风云，锐意进取的周世宗不幸染病，只得中途返回京师开封。

柴荣患病到去世，时间极其短暂，只能对后事作出一些尽可能地安排，使自己幼小的儿子能接手政权。对当时独特的政权更替模式非常清楚的柴荣明白，那些有威势的将领随时可能取而代之，他内心里防备之心还是很重的。北伐途中，因为发现了一块"点检作天子"的木牌，他就免去了郭威的女婿张永德的殿前都点检的职位，因为它是禁卫军的最高将领，掌管着禁卫军的精锐，不可掉以轻心。但是千算万算的柴荣最终被证明毫无知人之明，因为看上去忠诚厚道的赵匡胤彻底辜负了他的信任，应验了"点检作天子"的谶语。

在这样一个基础和前提之上，为了稳固皇基，也让百姓摆脱兵荒马乱之苦，宋太祖削兵权，罢方镇，重文抑武，为宋朝制定了文治路线，社会得以休养生息，虽然留下了巨大的后遗症，但是也应考虑其政策的出发点是基于五代特殊的社会、政治特点，从而给予同情式理解。

2. 香孩儿，留赵湾；天子巷，真人显

对于开国君王，史书上往往都会有一些神异的记载，让人真假难辨。纵观赵匡胤一生，从流浪汉到普通士兵，从士兵到将军，最终成为皇帝，极富传奇色彩。在他身上穿凿附会的种种传说，自然是光怪陆离，神乎其神，甚至远及祖上。

赵匡胤祖籍河北涿州。按礼制，天子应该在宗庙祭祀九世祖先，但赵匡胤家的祖先中，有可信记载的也只是从高祖赵朓开始，所以宋太庙中只奉祀着赵家四代祖先。赵朓曾作过唐朝永清、方安、幽都三地的县令。曾祖赵珽所处时代已是唐后期藩镇势力崛

起时期，他曾在藩镇任属官，并兼中央政府的御史中丞。祖父赵敬生于唐末，文武双全，曾任营、蓟、涿三州刺史。赵朓、赵珽、赵敬死后都葬在保州保塞县（今河北保定）东三十里的家乡。其父赵弘殷生年不详，少年时以骁勇知名，擅长骑射。在后梁（907～923）后期从军，作过河北藩镇、赵王王镕帐下亲兵。李存勖崛起争夺中原，与后梁军在黄河一带恶战时，向王镕求援。赵弘殷率五百骑兵增援，结果破敌立功。由此受到李存勖的喜爱，把他任为禁军中的飞捷军指挥使。从以上罗列的赵匡胤的家庭出身看，虽然说不上是显贵之家，但还算得上是官宦世家。

赵匡胤的父亲，仕途并不顺利，有二十年不曾升迁。直到进入后汉后，因为参与平定陕西大将王景崇与后蜀联合进行的反叛，才因战功升迁为护圣都指挥使。在得到后汉权臣郭威赏识后，赵弘殷仕途才开始通达。

宋太祖赵匡胤像

赵弘殷常年转战疆场。妻子杜氏四处迁徙，生活异常艰辛，长女与长子先后夭折。直到他们成婚后的第 10 年，即后唐天成二年（927）二月十六日，次子赵匡胤才在都城洛阳的军眷区夹马营降生。这个夹马营在洛阳城东北的 20 里处。

为了证明赵匡胤的出生是上应天命、下合世情，宋代民间还广泛流传着一些传说。据宋史载，赵母怀胎之时，就曾有梦见太阳钻入腹中的异象。出世之际，更是满屋红光，异香经久不散，所以赵匡胤的小名就叫"香孩儿"。夹马营则被后人称为香孩儿营，赵家所在的街道也被称作火烧街。宋真宗（998～1022）时，因为此地是太祖诞生之地，下令建造应天寺奉祀，殿宇华贵，使用的都是珍贵的琉璃瓦，民间都称之为"琉璃寺"。

还有的记载把赵匡胤的出生与后唐明宗李嗣源联系了起来。因为这个唐明宗虽然做了皇帝，但因为自己出身蕃族，家世贫贱，又目不识丁，年过六旬，所以他在即位以后常常夜晚在宫中焚香祷告，自言本为胡人，为众所推，才来暂承唐统，希望上天早降圣人，与民做主，拨乱反正，统一中国。由于赵匡胤在李嗣源登基的第二年出生，他的家又住在皇宫不远的夹马营，还生来有异香。民间就对号入座，说是李嗣源感动了老天，诞生了奇人。

成年后的赵匡胤长得身材魁梧，方面大耳、仪表堂堂，也确实不像凡夫俗子。但宋人对赵之登基还有千奇百怪的解释。

这些传说最早的可以追溯到隋朝。比如《孙公谈圃》里记载，隋朝开挖大运河，河道正对着宋州，直至城下才拐了个湾绕城而过，这个湾叫"留赵湾"。而赵匡胤正是从宋州节度使任上发迹的，留赵湾所昭示的天意也就不言自明了。唐代贞元年间又有星象学家认为 160 年后宋州会有圣人出世。

《清波杂志》则记载赵氏的祖坟在保州保塞县郊外，此地有一地名叫"天子巷"。这个地名预示着赵氏子孙会出天子。还有个宣扬赵匡胤称帝符合"天道"的十分过硬的证据，就是五代后期社会上流传着一首预言诗，提到"有一真人在冀州，闭口张弓左右边，子子孙孙万万年"。此诗之意显然是指某位名字叫"弘"（旧体为左弓右口）的人会贵为皇帝。诗的来源更是大有来头，有人说是南北朝时后梁高僧宝志写在铜牌上流传下来的，也有的说是出自唐代有名的方士李淳风的著作《推背图》。《推背图》的预言向来是很灵验的。南唐国主给自己儿子取名弘冀，吴越王钱镠的儿子名字中无一例外地都有一"弘"字，都是想附会此传言。但是谁也不知道此谶语会应验在冀州的赵匡胤之父赵弘殷身上。传说由于《推背图》太过灵验，赵匡胤担心有人借此行为不轨，即位后让人在其中添加了许多荒诞内容，以乱其真。《推背图》的预言既不灵验，也就失去了影响力。其他还有赵匡胤是天上火德星君霹雳大仙下凡，或是定光佛出世，来拯救乱世的说法。种种说法，反映出人心厌乱、思定。这些传说依今天的科学知识审视，显然并无什么道理。但在当时，却对巩固赵家的天下有着非同寻常的价值。

赵弘殷作战勇敢。后汉乾祐年间（948~953），陕西大将王景崇与后蜀结盟，在凤翔（今属陕西）叛乱，后汉军前去镇压，后蜀得信后急赶来增援，两军在陈仓（今陕西宝鸡南）交战。战斗一开始，后蜀军士气正猛，后汉军阵形散乱，关键时刻，赵弘殷率手下奋勇出击，脸中流矢，也不肯后退。其他将士受到鼓舞，也一起冲锋杀敌，打败了后蜀军队。赵弘殷立了大功，因功封护圣都指挥使。

后周显德二年（955），赵弘殷随周世宗南征淮南时，打败了偷袭的南唐军。显德三年（956），周世宗亲征淮南，兵临寿州（寿春，今属安徽）城下，赵弘殷担任柴荣帐下前军副都指挥使。当时，寿州城内有些商家卖给士兵的饼子又薄又小，柴荣想立威，就抓了十多个饼贩，准备全部杀死。赵弘殷还是有些政治头脑的，他认为这太残酷，而且也不利于收服淮南百姓。他向柴荣多次上谏，最终使那些小贩获得释放。

周世宗见寿州城一时难以攻下，于是命韩令坤带军进攻扬州，赵弘殷为监军。周军进入扬州，赵弘殷禁止士卒侵暴百姓，民情不扰，受到周世宗的嘉奖。但不幸的是赵弘殷在此次南征中染病，同年七月，死在北归的途中。

赵弘殷"雅好儒素"，出征淮南，破城之日他钱财货物一概不取，只是到处搜罗图书，给三子赵光义看书学习，赵光义经过这样的培养，成为颇为懂文的青年。他这种性情及嗜好显然不光对赵光义有影响，我们也能从赵匡胤的行事中发现他的影响。宋人对赵弘殷的贡献评价很高，以至于说赵家的天下是宣祖和太祖、太宗共同打下的。

3. 从夹马营到双龙巷

赵匡胤和弟弟赵光义做了皇帝后，很多关于他们是"真命天子"的说法便流传出来。

五代时期，天下大乱，民不聊生。传说当时有个名叫陈抟的读书人隐居山中，潜心修道，终于得道成仙。有一天，银发白须的陈抟下山远游，在路上遇到了一位逃难的汉子，汉子肩挑两个箩筐，箩筐的两头坐着两个孩子。陈抟一见，不禁又惊又喜，

"哈哈"大笑，竟然笑得坠到了驴下。路上行人问陈抟为什么这样兴奋，陈抟说："我道天下无真主，一挑担着两盘龙。天下自此定矣！"他给了那汉子一些银两，叮嘱他好好抚养两个孩子。告别陈抟后，汉子挑着箩筐继续前行，不久，来到开封。由于举目无亲，汉子只好带着两个孩子在开封的鸡儿巷里找到了一座破庙，住了下来。时值寒冬，北风凛冽，夜里两个孩子被冻得哇哇直叫。那汉子寻些柴草，生火为孩子取暖。庙里的和尚梦见有火龙飞入庙内，惊醒后对那汉子说："你的两个孩子是龙……"逃荒的汉子就是赵弘殷，他的两个孩子，赵匡胤和赵光义先后做了皇帝。

这个传说中赵弘殷逃荒的经历与事实对照显然有一定的差距。赵匡胤出生后的十几年，朝代两度更迭，父亲赵弘殷虽然在官场受到冷落，家境艰难，但却一直未脱行伍。天福三年（938），后晋迁都开封，赵匡胤全家随身为禁军校官的父亲迁到新都，定居在当时的寿昌坊，也就是后来远近闻名的双龙巷。两年后，赵光义出生，同样不同凡响，传说他出生时有赤光如云霞般蒸腾、香气弥漫遍整条街巷。

两位皇帝的出生和成长都被敷衍得极富传奇色彩，早年在开封双龙巷中生活的情景更被描绘得精彩纷呈，引人入胜。

双龙巷，原名"鸡儿巷"，因为赵氏兄弟的缘故才改名为"双龙巷"。史籍中也有记述。明朝的《如梦录》中说："……（开封）双龙巷，宋太祖、太宗旧居之地。"双龙巷长约560米、宽约9米。巷子的品貌与古城诸巷一般，没什么两样。青色的路面，经过岁月的打磨已经相当平坦，巷子两边的墙低矮而古旧，青砖碧瓦，一缕古典的韵味弥漫其间。这条老巷已经有1000多年历史了，小巷街人以此自豪。

双龙巷位于开封城东北部人口密集的居民区，与它相接相邻的还有文庙街、侯家胡同、白衣阁街、刘府胡同、聚奎巷等古街老巷。开封古有七街八巷之说，那双龙巷便是八巷之首，号称"开封第一巷"。这个小巷虽然看起来没有什么不同，没有想象中的曲折悠长，只是一条笔直的小巷。但小巷当然也有不俗之处。巷子西口，有座朱柱灰顶的牌坊，双龙飞盘其上，气度不凡；牌坊原本华丽，如今却金辉不再，就连上面的字迹都已模糊难

墙上龙头即是双龙巷墙上的隐龙

辨了。在牌坊旁边的民居石壁上，还有一尊龙头石雕半隐墙中，人们可以用手触摸到这座被"镶"在墙中的龙头。据说，龙头石雕本为两尊，但另一尊已在漫长的岁月中默然消失。龙，代表皇帝，象征尊贵，通常只有与皇帝有关的地方，才可以雕龙饰物。双龙巷之所以能如此，显然是因为曾诞生了两位皇帝。

一条小巷走出了两位真龙天子，这条小巷自然成了人们心目中的风水宝地。牌坊与两座龙头石雕之修，就是为了留住小巷中的"风水"。牌坊和石雕，也就成了小巷居民心中的骄傲。其后，这里一直是达官贵人聚居之地，家第连云，千年繁华。但双龙巷这么响的名头，竟然也曾改名。《开封市地名志》中记载说，"双龙巷"又称"寿昌坊"，自宋沿用至1935年，才和鸿影庵街并

称法院东街。1937年，这条小巷又恢复了"双龙巷"的名字，不过，经过十年文革的破坏，和20世纪90年代房产到户后的改建，古巷已是面目全非，令人感叹！

幼时在夹马营时，有个姓陈的私塾先生陈学究在那里开馆授徒，赵匡胤常因争强好胜，容不得别人的缺点而经常受到老师的教训。后来，他又改从辛文悦为师，学习儒家"五经"，赵的文化根底多数就是在此时打下的。

儿时的赵匡胤就有天然的孩子王气质。比如，每次从学馆回家，必定指派其他孩子居前开道，自己在后安步徐行，神色庄毅，其情其景令路人也不觉避让。但因出身将门，赵匡胤还是更喜欢舞枪弄棒，骑马射箭，一学就会，远超众人。对统兵打仗一类的战阵之事，他似乎也有着更多的灵犀。他指挥孩子们排兵布阵，都是有板有眼，"行伍肃然"，令人称奇。争战的游戏是孩子的天性，但对少年的赵匡胤则有非同寻常的意义。一来锻炼了他的领袖才能，使他确立了在孩子们中的地位。二来也积蓄了不少的人才，因为他的不少玩伴如韩令坤等都成为他后日事业的助手。

少年时的赵匡胤也有许多神奇的经历。如有一次，有个恶少牵来一匹没有驯服的烈马让赵匡胤骑。赵匡胤不甘认输，便纵身上马。那马果然厉害，立刻由性狂奔，冲向城门。赵匡胤躲闪不及，一头撞在城楼的门楣上，重重地摔了下来。在场的人大惊失色，都以为他必死无疑。但坠地的赵匡胤却一跃而起，重新翻身上马，终于将烈马驯服，自己却毫发无损。这让在场之人都感到不可思议。

还有一次，赵匡胤与自己的玩伴在城中一间土屋赌钱，吆五喝六，非常投入，却突然听到窗外鸟雀喧噪，众人于是又出来追逐鸟雀，这时身后的土屋却轰然倒地，众人都一齐庆幸。赵匡胤经历的这种不合常理的运气，无不被宋人当做他"吉人自有天相"的例证。实际上，可能更多地跟赵匡胤有胆有识、机警过人有关。

在开封双龙巷生活了几年，17 岁时他已长成容貌魁伟、气宇不凡的青年，赵弘殷为他娶了同为护圣营军校的贺景思之女贺氏为妻。这个贺氏就是后来的燕王德昭的母亲。乾祐元年（948），21 岁的赵匡胤突然给老母与弱妻留书一封，离家出走，开始闯荡江湖。

4. 闯荡江湖

赵匡胤离家出走，并非要游山玩水，而是为生活所迫。由于王朝更迭，世道纷乱，父亲赵弘殷官运平平。这时赵家不光有赵匡胤一家，还有弟弟赵光义、妹妹（后封燕国长公主）以及新出生的弟弟赵匡美，这样一家人就连生活也变得十分艰难。赵匡胤正值风华正茂之年，眼见不能依靠父亲谋取前程，便打算自己外出闯荡，寻找机会求取功名。

随后两年的江湖闯荡，令他饱尝人间冷暖，遍历世态炎凉，吃了不少苦头。当时，他的父亲在陕西军中任职。赵匡胤原想投奔父亲，却怕家人追上，就专走小道，迂回南行，结果迷失了方向，很快花光了银两。穷困潦倒之中，他去投奔父亲昔日的同事凤阳节度使王彦超。王彦超却像打发乞丐一样，给了十贯钱，便把他打发走了。未来的赵家天子一度极为困窘。赵匡胤一定很介意，因为在他当皇帝后，他还拿此事打趣王彦超，而王彦超也应付自如，自称浅水容不得蛟龙。那意思是皇上如果困在我那勺浅水里，哪会有今日的九五之尊呢？赵匡胤也一笑了之。

离开王彦超，赵匡胤拿着他赠送的几贯钱去赌博，手气竟出奇的好，盘盘皆赢。当他满心欢喜地拿钱离开时，那些红了眼的赌徒却一拥而上，将他按在地上，一阵拳打脚踢，抢了他的钱财之后扬长而去。

两年的流浪生活颇为艰辛，赵匡胤到处碰壁，饱尝了人情冷暖、世态炎凉。走到襄阳时，他身无分文，只好到寺庙求宿。然而，就是在这座不知名的破庙里，他得到了世外高人的指点。

乾祐二年（949）下半年，赵匡胤流浪到了汉水边上的重镇襄阳，没有钱住店，栖身在一座寺庙里。寺庙的住持是一个年近百岁、阅世很深、颇为知人的老和尚。他一看赵匡胤，方面大耳，谈吐不凡。虽风尘满面，难掩英挺之气；破衣一身，却全无寒酸之态。一眼就看出这个落魄的年轻人必非池中之物。于是，老和尚与他谈古论今，指点说：汉水以南社会稳定，水至清则无鱼；北方兵荒马乱，征战不休，但恰好是英雄用武之地。少年英雄为何一意南下，而不北上去建功立业呢？赵匡胤一下如醍醐灌顶，豁然开朗。随后，老和尚又赠以重金，还将庙里唯一的一匹毛驴相赠。赵匡胤也不推辞，接过来骑上，揖别老僧，雄赳赳地就向北奔去。

赵匡胤骑着毛驴迤逦而行，很快来到邺都，恰好遇上后汉枢密使郭威正在此地招兵买马。赵匡胤投到郭威麾下，开始了戎马生涯，也翻开了人生新的一页。

宋太祖武人出身，很少附庸风雅做诗。有首传世的《咏日》诗，应该是在其闯荡江湖时期，有感而发：

欲出未出光辣达，千山万山如火发。

须臾走向天上来，赶却流星赶却月。

全诗虽然是一首打油诗，粗鄙直白，但却意存高远，直抒胸怀。宋代史官在将其编入国史时，好意作了修改，将起首两句改成"未离海峤千山黑，赶却流星赶却月。"这一来，文辞虽美，但显然不符赵的草莽英雄身份，至于气概更是相去甚远。据说赵匡胤还有首《咏月》诗，其中有两句"未出海面千山暗，才到中天万国明。"气概直追前一首《咏日》诗。

四处流浪的赵匡胤还留下了英雄救美的传说。在这个民间故事中，赵匡胤被塑造成一个"不恋私情不畏强，独行千里送京娘"的形象。赵匡胤搭救遭劫的山西永济姑娘京娘，又千里迢迢将她送回老家，一路上规规矩矩，秋毫无犯。京娘聪明美丽，个性坚强，深为赵匡胤的行为感动，就拜他为义兄，并想以身相许。但赵匡胤心无杂念，不肯乘人之危。京娘也不再相强，希望来世再来报答，并投湖自尽表明心迹。赵匡胤称帝后，封她为贞义夫人，作为表彰。这个广泛流传的民间故事因为被明代冯梦龙编入《警世通言》，又被编成各种剧本，使赵匡胤的形象差不多可以媲美关公，增添了可爱的一面，但实际情形如何却很难确定，很难说没有经过宋人尤其是后来道学家们的渲染。若果真有此事，故事的发生即应该在他流浪时期。

二、初立战功

赵匡胤对自己的流浪生活何时结束并无准确的推测。但时事的变化，还是很快结束了他漂泊的生活。后汉高祖刘知远驾崩后，隐帝刘承祐即位。但镇守河中地区的李守贞却趁机挑头与永兴、凤翔两镇结盟，担任盟主，自称"梁王"，掀起了内乱。刘承祐就命高祖"托孤"的大臣枢密使郭威带兵前去平叛。

郭威身任招慰安抚使，后汉西部国土上的各军统统归其节制。他还趁机招兵买马，大力扩充自己的军力。一路流浪的赵匡胤第一眼就被郭威看上，成为帐下亲兵。在郭威帐下，赵匡胤迅速地成长起来。这一步也就成为赵匡胤发迹的开始。

1. 启蒙祖师后周太祖郭威

郭威是邢州尧山人。自小孤苦，四处流浪。十八岁时,以勇力应募从军。因为出身军卒，所以脖子上刺了一只飞雀的刺青，所以人都称他为"郭雀儿"。他当过亲兵，作过俘虏，历经后梁、后唐、后晋、后汉四朝，凭着自己的骁勇善战不断升迁。在后汉朝，他拥立刘知远称帝有功，成为开国功臣，被授枢密使。刘知远称帝仅一年后就死了，死前郭威与苏逢吉等人成为托孤大臣。李守贞叛乱，刘承祐起初还想借机削夺郭威的军权，无奈所任非人，刘承祐只得又请郭威出面收拾局面。

郭威在平叛中吸收了前面主将的教训，虽然兵临城下，但却不急于攻城，而是不断采用筑城围困的办法，迫使叛军出城破围，在此过程中消耗敌人。直到围城一年后，叛军无力出城，郭威才发出攻城命令，一举拿下河中城。

郭威是对赵匡胤影响巨大的人物，有人甚至说没有郭威就不会有后来的宋太祖。平叛战争成了赵匡胤治军用兵的第一课。

郭威平叛成功，再度加官晋爵，除了枢密使身份外，又加邺都（今河北大名）留守、天德军节度使，名声权势一时无双。后汉隐帝刘承祐受制于郭威等大臣已久，便借助外戚力量剿杀几位托孤大臣。郭威不甘束手就擒，起兵反抗，攻入京城，杀死了汉隐帝，掌握了后汉的全部大权。赵匡胤在作战中骁勇异常，引起了郭威的注意。

郭威已经有了随时改朝换代的能力，但他没有立刻称帝。当时刘知远的弟弟刘崇在太原拥有强兵，刘崇之子刘赟担任徐州一带的武宁节度使，许州的忠武节度使刘信也势力不凡。所以不能给三镇联合的借口和机会。他让李太后出面主持大局，安定人心。禁止士兵剽掠民间，骚扰京城，恢复了京城的正常秩序。并大造声势，准备迎立刘赟为帝。刘崇本不相信，派使者进京试探郭威，郭威则大表忠心，拍着自己的脖子反问说：自古岂有雕青天子？因此，稳住了刘氏父子。

一切安排妥当之后，郭威又让手下驻守河北的将领告急，说是契丹大军南侵，已经攻陷内丘、饶阳。十二月一日，手忙脚乱的李太后匆匆派遣郭威出征。十九日，大军抵达澶州（今河南濮阳）。此时，一个消息传到军中。刘赟正在历仕数朝的元老冯道的陪同下前往汴京，准备登基，军中将士无不震动。他们都认为当日攻破后汉京城，又大肆掳掠，已与刘氏结下冤仇，现在复立刘氏为皇帝，若其兴师问罪，则全军自身难保。营中将士纷纷异动，郭威一人假装不觉。

翌日清晨，郭威下令诸军启程北上。密谋已毕的各营将士包围了郭威的帅府，苦请郭威作天子。众将"扶抱拥迫"，不待郭威有所反应，即扯下军前黄旗，权充黄袍披在郭威身上，郭威不得不从命。这就是历史上不太为人注意的"澶州兵变"。

第二天，郭威带兵返回汴京，李太后无奈，只得下诏令郭威监国。郭威立即派心腹王峻带兵前去将正在途中、准备入继大统的刘赟"保护"了起来，不久又下令把他刺死。转过年来，郭威即在正月正式称帝，建立了后周，史称周太祖。

赵匡胤因参与串联鼓噪，在郭威称帝后的论功行赏中被升为皇宫禁卫军的小头目。从士兵跃升军官，赵匡胤的仕途已经开始。但郭威称帝对赵匡胤的意义显然不止于此。他亲眼目睹郭威由一个身份低微的大兵黄袍加身而成皇帝，这样一场话剧，对其心灵的触动必定很大。话剧明明由郭威导演，他却一直藏身幕后，隐忍不发，以主动为被动，却又以表面上的被动争取到更大的主动。后来，赵匡胤登基的行事手段与步骤缓急，都无不具有模拟前者的成分，可以看做是郭威黄袍加身的一个升级版本。

郭威称帝的一波三折，周密安排，也充分说明驾驭五代时的骄兵悍将并非易事，兵将之间既有利害一体的相关性，也有互相利用的成分，在具体过程中又在不断博弈，都想使自己居于一个不败的位置。明白这一点，就可以理解为什么有五代时期会一而再地演出黄袍加身这样的话剧了。

郭威的继位在五代十国时代是一个很老套的故事。但是，由于出身和阅历的缘故，郭威一改五代时期各朝君主的弊政，与民休息，励精图治，国力迅速增强。对民间疾苦有切身体验的他修改了后汉苛酷的一些法律条文，不准地方官加收百姓赋税，并直接废除了正税以外的各项杂税。他还厉行节俭，从源头减轻农民负担。为了弥补自己学问有限、治道不足的缺陷，他很注意重用人才，虚心纳谏。

郭威即位后，就将刘承祐搜刮进宫的稀世珍宝取出来，命人全都砸烂，晓谕群臣："真正为君者，是不需要这些亡国之物的。真正的宝是人心。朕出身低贱，吃尽千辛万苦，遇上这个乱世，才侥幸成为皇帝，我怎么敢残剥百姓来图个人享受。"郭威随后下诏，命令地方有司不准搜刮民间财物奉贡内庭，够吃够喝就行了，要这些东西没什么用处。

到了广顺二年（952）的十一月，郭威下诏对作为战争资源的牛皮征收制度进行改革。牛皮是冷兵器时代非常重要的战争资源，可以制作甲具和盾。后汉时官府严禁民间私自买卖牛皮，并把民间所有备用的牛皮都征入官，然后付给百姓比较低的价格，老百姓有苦说不出。这还算好的，唐明宗李嗣源时期，甚至用盐哄弄老百姓，打发了事。石敬瑭更绝，连盐都不给，强行"收购"牛皮。

郭威知道其中的利弊，规定以后民间以十顷（古代五十亩为一顷）地为准交给官府一张牛皮，其他的除了不允许卖给周边敌国，任凭百姓自己交易。同时，郭威还废除了牛租，当年朱温攻打淮南，抢来几十万头耕牛，朱温把这些牛分给老百姓，每年交给官府租子。但这些牛死了，牛租却没有废除，甚至到了后汉时，这些牛的牛子牛孙都衍生多少代了，牛租还年年照收。老百姓这个气啊，真是天下的乌鸦一般黑，都说朱梁是伪朝，可唐、晋、汉三朝对老百姓的横征暴敛，一点也不比朱梁这个"伪朝"轻。郭威改革了牛皮征收制度和牛租，民间欢腾不已，都奔走相告：老天有眼，出了个好皇帝。

对于郭威的革除弊政，写《旧五代史》的薛居正给予了高度评价：一月就弊政皆除，一年就群情大服。郭威也当得起这个评价。有人建议郭威把一些肥田卖给富户，可以得到大笔的银子充实国库。郭威不同意，说：利在于民，就像在国一样，朕要此钱有什么用呢？

后周广顺二年（952），后汉高祖刘知远的同父异母弟兖州节度使慕容延超起兵叛乱，郭威在消灭他后，专门用颜回的后人、端明殿学士颜衍暂时治理兖州，处理遗留问题。回京路过曲阜时，他又亲自前去拜谒孔庙及孔墓。手下人劝他帝王处九五之尊，不应给臣子下拜，郭威却说孔子乃百世帝王师，做弟子的怎么敢对师父不敬？又从民间寻访到孔子的第四十三代孙孔仁玉和颜回的后人颜陟，分别授以曲阜令和本县主簿。他还下令禁止百姓入孔林打柴。这些举动有一定作秀成分，但也显示出郭威与一般枭雄还是有些不同。

郭威的改弦更张，使后周迅速出现了国富民强的迹象，是五代时期武人当政的一个异数。虽然他在位仅有短短的四年，但却重新将中原王朝治理得风生水起，众国来朝，并为继任者柴荣以及赵匡胤的统一事业与国家治理奠定了良好的基础。

郭威无论在取得帝位的方式与励精图治、勤政爱民方面，都成了赵匡胤的启蒙师祖。

2. 高平之战，一战成名

郭威原本是有儿子的，隐帝刘承祐大杀朝廷重臣，郭威起兵反击，郭威的家人包括后妻与两个幼子一齐遇害。这样，前妻柴氏的侄子、养子柴荣成为皇子和当然的皇位继承人。柴荣在953年（后周广顺三年）三月被任命为开封府尹、册封晋王，协助郭威处理军国要务。柴荣上任后，需要有能力的人辅佐自己，就把一向相熟的赵匡胤调到自己身边，任开封府马直军使。这个官职本身并不高，但在皇储身边当差，进入朝廷的权力中心，参与机要，给了赵匡胤至关重要的施展才华的机会，成为其进身之阶。事实也正是如此，柴荣对赵匡胤的文韬武略欣赏有加，每逢出征都把他带在身边，赵匡胤很快成为柴荣的左膀右臂。显德元年(954)郭威病死，养子、34岁的柴荣即位，赵匡胤被任命为禁军将领。

柴荣，邢州龙岗（今河北邢台）人，生于梁末帝贞明六年(920)，出身贫寒，年少时曾以卖伞为业。柴荣能文能武，是五代时少有的明主。

此时，郭威称帝后自立为北汉的河东节度使刘崇乘后周政权交接之机，联合辽国骑兵万人共四万余人，入侵后周的潞州（今山西长治）。柴荣虽然年轻，却勇敢无畏，决定御驾亲征。宰相冯道为首的群臣主张命将出师，不赞成皇帝亲自出征，但柴荣下定决心要亲临前敌，赵匡胤身为禁军统领，自然随从护驾。

柴荣进兵到潞州，刘崇已绕道南下，直取开封。柴荣迅速折转身迎敌，双方在泽州高平（今山西晋城东北部）相遇。北汉军容严整，后周人数少，柴荣于是上前督战。但双方刚一接战，后

周右翼队形大乱，两位主将临阵溃逃，上千士兵脱甲投降。柴荣见右翼危急，即率亲兵上阵，却受到北汉弓弩手狙击，所坐麾盖受箭无数。在此关键时刻，赵匡胤大呼着"形势危急，主危臣死，为主尽忠的时候到了！"一马当先冲入阵中，舍命救主，周军士气高涨，跟着赵匡胤勇猛冲杀。另一个后周大将张永德也奋勇向前，后周军一举扭转了周军的颓势，反而以少胜多，大败北汉军。北汉主刘崇只带少数亲兵仓皇逃走。赵匡胤在乱战中左臂中箭，血流如注，但他仍力战不止。柴荣见爱将受伤，强令他回营，他才罢手。高平一战，不仅柴荣打出了新君的威风，立下了威名。赵匡胤也一战成名，成为后周名将。

高平之战后，赵匡胤官拜殿前都虞侯、领严州刺史，成为禁军负责人之一。柴荣在战后整顿军纪，首先处死临阵脱逃的樊爱能与何徽等将校70余人，临阵投降的上千士卒。一时朝野震动，上下肃然。五代以来骄将惰卒桀骜不驯、挟制长上的局面一时改观。柴荣并将整顿禁军的大权交付赵匡胤。有人将此举比喻成民国时期袁世凯的小站练兵，认为没有此举，就根本不可能有后日赵匡胤的黄袍加身。

柴荣本身也很重视禁军的整顿，经常亲自面试士卒，将武艺高强者补入禁军的殿前司。当然，这些工作更多地还是由赵匡胤具体操办。他尽心尽力地任用人才，挑选士卒，汰弱留强。禁军士卒几乎都是身强体健者，战斗力大幅提升。赵匡胤还利用整顿之机，打造自己的班底。他将手下亲信郭延斌、潘美、米信、罗彦瑰、张琼、王彦升等人安插在殿前司各军中担任中下层将领，同时又尽心结交禁军的高级将佐，石守信、王审琦、杨光义、韩重赟、李继勋、刘庆义、王政忠、刘守忠、刘延让都与他成为了

"义社十兄弟"。赵匡胤任命石守信为铁骑控鹤四厢指挥使，王审琦为铁骑都指挥使，刘延让为铁骑右厢指挥使，都是十分重要的位置。

结义兄弟，是当时的寻常之事，通过这些人事安排，赵匡胤在禁军中的圈子已经初步形成。有人说赵匡胤在此时已有了谋逆之心，此事不能妄下断语。若真是如此，周世宗可能早就引起警觉了。他还年轻、势力还很有限，主要还是想培植自己的势力，好让自己立足扎实一些罢了。但此举为他进一步掌握局势搭好了台子则是肯定的。有个研究者在写到赵匡胤这段历史时，充满激情地评价说："历史稍微给了他一线阳光，他就立即立即展翅高飞，开始了他波澜壮阔、叱咤风云的一生。"

其后，赵匡胤带领禁军，屡随世宗征战沙场，战功卓越。他于乱世中成为英雄，30 岁拜定国军节度使，33 岁任殿前都点检，一步步走向了权力的顶峰。

3. 柴荣的统一宏图

周世宗柴荣在当年亲征北汉时，曾对劝他谨慎的冯道讲过：昔日唐太宗创建帝业，哪一次不是亲自出征，我又何敢偷安呢？当时冯道听到此话，怀疑地说：陛下您未必能学得唐太宗。一向谨言慎行的冯道说出此言，一定认为这是人所皆明的真理，话中不免透出轻视之意。但想不到，历仕十几朝的不倒翁这次真的看走了眼。柴荣自即位后，一刻也不肯停歇地忙碌着，四处出击，开疆拓土，后周以天纵我才的使命感扭转了五代历史的方向。

除了在军功上继承了郭威的英名以外，柴荣在各个方面都将周太祖的江山事业发扬光大。他胸怀大略，思路清楚，出手果决。

高平之战，慑服了满朝文武，柴荣遂即展开内政方面的改革。他从广开言路，不拘一格任用人才着手，一方面整顿纪纲，惩治腐败，澄清吏治，减轻民困。柴荣曾一再下诏求贤，即使是平民百姓，有一言相合，有一事可议，都会受到他的接待。显德二年（955），他召见了上书言事的平民赵守微，对他的言谈表示满意，就破格任命他做了右拾遗的朝官。另外，当时虽然战乱不断，但五代各朝宰相大多是科举出身。柴荣以古之宰相，并非尽由科举，破格提拔极具才华的魏仁浦为相。王朴凭《平边策》受到柴荣知遇，累迁至枢密使。

另一方面，在柴荣在发展经济方面也颇有大的动作，治理河患，兴修水利，发展农业生产。柴荣还大力修浚以开封为中心的水路交通，把东边的泗水、北边的五丈河，与济水连接，山东地区得与开封舟船相通。还将黄河与淮水沟通，恢复了唐朝的水道，江、淮漕船由是可以直达开封。这项事业是奠定汴京地位的关键，也是统一天下的基础，其功可以与秦修驰道、隋修运河相媲美。

柴荣念念不忘的是一统天下，他整军经武，肃清内政，与民休息的措施无不是为此做准备。唐末以来天下分崩离析，民不聊生。但天下大势，分久必合，至后周建立，天下统一的迹象已经显露出来。原因是在经过几十年的诸侯混战之后，百姓渴望以统一来彻底摆脱连绵不绝的战祸的要求极其强烈。等到国家内政、经济稍有好转，柴荣即着手实现其雄心壮志。比部郎中王朴提出《平边策》。认为"攻取之道，必先其易者"，主张先取吴及南唐，后取幽州及北汉。柴荣十分首肯此策，但在全力用兵之前，却必须首先拿回被后蜀乘乱夺取的秦（今甘肃秦安西北）、凤（陕西凤县东）、阶（甘肃武都东）、成（甘肃成县）四州，以稳固后方。

显德二年（955）四月，柴荣发起征西战役。但军事行动并不顺利，周军久攻不下。柴荣派赵匡胤赶赴前线，视察战况。赵匡胤详勘地形，分析战局，认为只要坚定信心，一定能够收复四州。柴荣根据赵匡胤的汇报调整部署，后周军一举拿下西陲四州，赵匡胤运筹帷幄的才能得到展示。

之后，周世宗于当年底按计划发起征南战役。目标是割据江淮的南唐政权。

南唐是五代以来割据长江中下游及淮河一带的政权。据有三十余州，广袤数千里，土地肥沃，物产丰富。它的建立者是李昪。李昪原是吴国皇帝杨行密收养的义子，因自己的儿子不肯与这个养子分享他们的富贵，他只好让手下重臣徐温收养，并嘱咐徐温好好待他，说是此儿必成大事。徐温为他取名徐知诰，把他抚养成人。徐温晚年执掌吴国大权，徐知诰受到重用。最后，徐知诰废掉吴国皇帝杨溥，建立了大齐。得国后的徐知诰恢复李姓，认唐朝皇帝为远祖，改名李昪，又改国号为唐。李昪在位六七年，一面恢复生产，一面保境安民，给继位的儿子李璟留下了一份不错的家业。

李璟在位初期还有些进取之心。他执行联合契丹、北汉，夹击后周的国策，妄图称霸天下。但李璟为人忠厚，并没什么政治头脑。他信用一帮文人，让他们掌握了政治军事大权，而把父亲李昪时期的一批干练老臣晾在了一边。南唐政坛一时给这批宠臣搞得乌烟瘴气，混乱不堪。虽然向外出击灭掉了楚国和闽国，但却无力守住，只是为他人做了嫁衣。面对柴荣的步步进逼，保守自己的祖业对李璟来说也成了一个天大的问题。

4. 从征淮南，功勋卓著

柴荣的计策与南唐针锋相对，征西尚未结束，即开始着手准备夺取南唐的两淮之地。

南唐的两淮地区直接与后周国土接壤，人口众多，经济发达。而当时中原地区久经战乱，国敝民贫，拿下两淮不仅可以增强自己的实力，而且控制两淮后就可以控扼长江咽喉，随时威胁其国都金陵（今江苏南京）。所以，柴荣将夺取两淮当成了统一南方的第一步。

十一月，柴荣派出数路兵马渡淮，连克重镇，进展顺利。但攻打淮西重镇寿州（今安徽寿县）的一路却受到后唐军的顽强抵抗，进展迟缓。

第二年春，柴荣带领大军增援寿州，希望速战速决。但南唐军在刘仁赡统帅下拼死抵抗，驻在淮河下游涂山的一万多南唐精锐又可以随时增援，周军有被水陆夹击的危险。

柴荣派遣赵匡胤率领一支军马前去攻打驻守涂山的南唐军，解决这个危局。赵匡胤没有莽撞行事，他先设好伏兵，然后亲率百余骑偷袭唐营，接战后又且战且退，南唐军不知就计，坠入计中。宋军伏兵四出，南唐军猝不及防，主将何延锡战死，宋军还缴获了南唐水军的五十余艘战船。涂山之敌被消灭后，赵匡胤又受命远道奔袭滁州。

滁州是淮河一线的军事要冲，要攻打滁州必经清流关，清流关是个易守难攻的险地，驻守的是南唐大将皇甫晖，颇有实力。赵匡胤探明敌情后，决定智取。经过向当地人调查，查明险峻的清流关背后其实有条小径可达滁州城，平素罕有人走动，南唐将士也不知情，因此无人防守。赵匡胤分兵绕至关后，切断守关唐兵去路。守将皇甫晖吃惊不已，只得退回滁州城。

赵匡胤挥军跟着杀到城下，守将皇甫晖说："你我各为其主，并无私仇，你敢不敢等我出城列好阵再战？"赵匡胤大笑说："君子不乘人之危，我等你便是！"皇甫晖只好硬着头皮出战。这次交战，尽显赵匡胤的艺高胆大与冲天豪气。两军一对垒，赵匡胤便大喝道："我独与皇甫晖战，与别人无碍！"敌人正在惊惧之中，赵匡胤已经手抱马颈冲入阵中，用剑砍伤皇甫晖头部，将其生擒。南唐大将姚风出战，同样被赵匡胤生擒。唐军群龙无首，周军趁机攻下滁州城。万军丛中取上将首级，赵匡胤的威名传遍南唐军中。败在他手下的皇甫晖过去曾是后唐大将，曾屡与契丹交战，但却感叹"未尝见兵精如此者，亦未尝见英武如赵将军者。"

赵匡胤拿下滁州，柴荣命赵匡胤的父亲、时任后周马军副都指挥使的赵弘殷前来协助守城。但他来到滁州城下时已经是半夜三更，只有向城上叫门。赵匡胤知道父亲来了，但又担心会出危险，就对父亲说："虽然我们父子情深，但儿子为大周守城，半夜不识军情，不敢放大人进来。"城外严寒，但一直等到天亮，赵匡胤才打开城门，放父亲进来。不过，父亲却因此冻得病情加重，不久去世。不徇私情而误国事，这是赵匡胤非常令人称道的一个地方。

赵匡胤在滁州，随军出征的宰相范质给他推荐了原永兴节度使刘词门下的幕僚赵普来做助手。赵普和赵匡胤都是幽州人，同乡又同姓赵。两人一见如故，但可能都未想到此次相遇对两人的人生发展乃至历史的发展有什么特殊意义。

后周军所向披靡，接连攻下滁州、扬州、泰州等长江北岸州

县。李璟大为惊恐，派使去向柴荣讲和，愿兄事柴荣，每年送不菲的财物，希望柴荣就此收手罢兵。但李璟的希望太高，柴荣不予理睬。以后，他又派使要求称臣纳贡，并献金器财物。柴荣志在南唐的土地，仍然不允。显德三年（956）三月，南唐使者李德明过江求和，同意除去帝号改称南唐国王，将沿淮六州割让给后周，另外岁纳金帛百万两匹，请求后周罢兵。柴荣的计划是尽取江北全境，只有此可以作为允和的条件。南唐使臣回报李璟，建议答应后周条件求和。但是李璟深知一旦失去江北诸州，江南就会危险，所以犹豫不决。而大臣中的主战派则反对割地求和，说动李璟杀死李德明，部署反攻。李璟终于决定抵抗，任命皇弟齐王李景达为诸道兵马元帅，陈觉为监军。派出三路军队渡江北上，收复失地。不过，皇帝对自己的亲兄弟也不放心，所以李景达仅是南唐军名义上的主帅，实际主事的是陈觉，他是李煜的弄臣"五鬼"之一，成事不足，败事有余，怎么可能挽救如此凶险的危局呢？

南唐军队首先打败周军攻下泰州，身后的扬州后周守军韩令坤担心南唐军势盛，想放弃扬州。周世宗柴荣不知李德明已被杀，仍在等候议和的消息。但他也根据敌我态势的变化，调整了部署，重点是派军增援扬州。并亲自前进到濠州城下指挥东线作战。赵匡胤受命率本部两千人马自滁州奔赴六合（今江苏六合），既为声援，也保护扬州守军侧翼。赵匡胤军到六合，得知前方军心摇动，就放风说：扬州兵有敢过六合一步的，一律打断狗腿！扬州守将韩令坤闻言，知道好友的脾气，只好一心固守，击败进攻的南唐军。

南唐统帅李景达统率精锐从瓜步（今南京的长江北）渡江，

准备进攻在六合的赵匡胤部。赵匡胤以区区两千人马大破渡江的唐军统帅李景达主力两万人。此役赵匡胤兵力极少，将士要出兵迎战，赵匡胤不同意，他说："唐军两万，我军只有两千，出城迎战，唐军见我人少，士气定会大振。"所以，他采取了以逸待劳的策略，直到南唐军起兵进攻才挥师出战，奋力冲杀，取得以少胜多的大捷，南唐军一战丧失精锐五千人。

赵匡胤照例在战斗中冲锋在前。对不肯力战的士卒，他悄悄用剑在其身后的皮笠上砍上记号。战斗结束，检示皮笠上有剑痕者一律斩首。一时军纪整肃，将士用命，个个出力死战。

每次出战，赵匡胤还别出心裁，身披重铠，马饰艳丽红缨，盔明甲亮。将士担心他被敌人注意，身处危险之中。殊不知他正是要以此扬名立万，震慑敌人。

柴荣因为周军久攻寿州不下，就命人在涡口（涡河与淮河交汇处，今安徽蚌埠涂山附近）建造浮梁，准备渡河进攻扬州，与唐军主力决战。但毕竟出征数月，没有很好的休整。宰相范质苦劝回京，柴荣于是在涡口设立"镇淮军"，留下李重进继续攻打寿州，自己在显德三年（956）五月班师回京。

周世宗第一次出征南唐，有得有失，不能说是成功。但此役充分显示了赵匡胤独立作战的统帅指挥才能，柴荣越来越离不开他的这员猛将了。即使用兵中途父亲逝世，赵匡胤也没有得到一个守丧期，仅仅守丧三个月就被夺情起复。从征淮南结束，不到30岁的赵匡胤因功晋升为定国节度使，兼殿前都指挥使。赵匡胤不仅身处中枢，还同时出掌方面之重，事业又走上了一个新的转折点。北宋仁宗时朝廷在滁州建造了一座端命殿，认为"应天顺人，启运立极"的太祖赵匡胤是："历仕于周，功业自此而成，王业自此而始。"可见，宋人充分认识到此战的意义。

后周第一次征南，因为缺乏水军，故一直没有拿下寿州，令柴荣耿耿于怀。回京之后，着手修造战船，创办水军，又用南唐降卒教练周军水战战术，后周水军很快就可以媲美唐军了。柴荣迅即又发动了二征、三征淮南的战役。

周军后撤后，原先夺得的州县都被唐军收复。周军收缩兵力，集中攻打寿州。唐军接连取胜，甚至想北上与周军决战。但南唐太师宋齐丘不主张攻打周军，招惹柴荣，希望周军知恩图报，主动解除对寿州的包围。李璟因此下令各地唐军据守不战。寿州守将刘仁赡苦苦等候，也不见援军的影子。寿州是江南门户，拿下它淮南必不可守。南唐主帅齐王李景达虽率领五万大军增援，但他自六合之败后对后周军十分忌惮，再加上李璟有旨不战，就乐得观战，进至距寿州两百里的濠州就止步不前。

后周大将李重进重重包围了寿州。显德三年（956）底，寿州被围已逾一年，早成孤城，城中粮竭兵疲，继续支持十分困难。唐军政令实出自监军使陈觉之手，陈觉拥兵自重，无意出战，将士唯唯，无人敢提驰援寿州之事，所以南唐军一直逗留不前。后来唐主李璟知道等待周军后撤是一厢情愿，就一再催促援军前去解寿州之围。李景达于是派出许文稹等将领溯淮而上，增援寿州。另一个唐将朱元在收复外围的舒州（今安徽潜山）、和州（今安徽和县）、蕲州（今湖北蕲春）后，也带兵抵近寿州。第二年正月，唐军抵近寿州外围的紫金山，安营扎寨，已能与城内守军声气相通，但却无法会师。为了给围城内的唐军输送给养，唐军修筑了十几里长的甬道，想突进城中，但又遭到后周寿州前线主将李重进袭击，功亏一篑。双方你来我往，陷入胶着状态。寿州主将刘仁赡怒杀欲降后周的儿子，率部死战，寿州城岿然不动。后周前敌诸将遂有放弃之意，朝中大臣持此议者也不在少数。柴荣虽有不甘，也犹豫未决。他派宰相范质去问前淮南道行营都统李谷，李谷洞悉真相，认为寿州已危在旦夕。只需御驾亲征，将士奋勇，敌兵破胆，寿州即可指日可破。

柴荣决意再度亲征淮南，周军士气大振。他派殿前都点检张永德为前锋，攻占紫金山下南唐的先锋寨和山北寨，为皇帝本人驾临前线扫清道路。

受命后的张永德与赵匡胤在观察地形时，发现唐军寨外有道高岗，可以俯瞰敌营，于是派赵匡胤率军前往唐营挑战，唐军出寨迎敌，赵匡胤佯败，唐军倾巢出动追击。早已埋伏在高岗上的张永德率兵俯冲而下，直接占领了敌营。唐军见据点已失，遂一哄而散。翌日，两人乘胜进攻另一座唐军营寨，周军鼓噪而进。不待攻击，丧失斗志的唐军即夺门而逃。周军乘机攻破唐军费尽心力筑就的十几里甬道，彻底击碎了唐军解围寿州的希望。赵匡胤在寿州之战中又立下大功。

此后，已经丧胆的唐军内哄不断，曾立下大功的朱元因受陈觉陷害，一怒之下投降后周，更进一步削弱了唐军的军力。柴荣在第二天指挥水陆两军齐进，南唐军一败涂地，主帅李景达与监军使陈觉匆匆逃回金陵。显德四年（957）三月，周军拿下寿州，大获全胜，寿州主将刘仁赡绝望至死。但周军也在此次作战中损失不小。寿州之战后，柴荣命大军撤回汴京休整。

显德四年（957）五月，周世宗嘉奖有功将领，赵匡胤官拜义成军（治在滑州，今河南滑县东）节度使、检校太保，继续担任殿前都指挥使。

　　寿州之战后，南唐主李璟打足精神，重新配置了沿淮诸镇的防御，令陆上守将缮甲练兵，整修城池。唐军水师仍有较强的实力，一律屯泊要地，严密设防。两次南征，已证明唐军难与后周军抗衡。柴荣君臣未尝一日放下统一南唐的梦想，才过数月，中书舍人窦俨认为唐军势弱，唐政混乱。皇帝应发大军继续征唐。柴荣深感有理，决定三度亲征。

　　十月，柴荣发兵离汴，此次将首战目标定在濠州。至十一月，周世宗分派诸将会攻濠州。命殿前都指挥使赵匡胤率数百名重甲骑兵骑着随军饲养的骆驼浮水而渡，攻下了南唐军的水寨及濠州东关城。后周军大败唐军，如愿拿下濠州。之后，后周军又以水陆军迎击南唐援军，再度取得大捷。周军沿淮东下，追击南唐溃兵，并尽数扫平沿淮城寨，先后攻克泗州、楚州、海州（今江苏连云港西）、天长（今安徽天长）、静海军（今江苏南通）等地，以及其它大批江北州县。此役，赵匡胤率步骑兵与乘大舰走水路的柴荣配合，几乎全歼南唐淮上水军。在泗州（今江苏盱眙），柴荣命赵匡胤攻城，赵匡胤身先士卒，率周军很快攻下泗州的附城月城，为最终拿下泗州城立下首功。周军攻下楚州后，南唐保义军节度使陈承昭率残兵东窜，柴荣带兵急追，命赵匡胤出战，他一下就将陈承昭生擒过来。

　　沿淮用兵结束后，柴荣引军南下，又不战而胜取得扬州，还在江口大破唐军长江水师，赵匡胤更率所部驾船攻过长江，烧毁驻军营栅后主动撤军。

　　南唐主李璟已经彻底失去了方寸，他担心后周大军乘胜进军江南，为了保住自己的半壁江山，派出大臣向柴荣求和，献出仍在南唐手里的庐（今安徽合肥）、舒、蕲、黄（今湖北黄冈）江北四州。此后以江为界，岁贡称臣。南唐去帝号，自称国主，并放弃自己的年号，用后周年号。周世宗同意了南唐的媾和要求，后周军班师回朝。赵匡胤因功改领忠武军（治所在许州）节度使，仍兼殿前都指挥使。

周世宗柴荣两年多时间里三次亲征，不仅迫使南唐称臣纳贡，还取得了南唐农业发达、物产富庶的江北十四州六十县地盘，增加户口 22 万 6000 余户，后周国力大增，为其施行北伐奠定了基础。赵匡胤三次从征，战功赫赫，开始在后周军中赢得声望，也为其未来的称帝事业铺平了道路。

三征淮南期间，赵匡胤不光江湖义气豪迈依旧，还结交了一批文人雅士，并把一些这样的人收为心腹，如赵普、王仁赡等。后来，此二人分别成了大宋帝国的宰相、副宰相。有了这些文士的辅佐，赵匡胤开始变得更有政治眼光。他本人也开始折节向学。战斗结束后，有人告发他私藏几车金银，柴荣派人调查，结果发现那不过是赵匡胤花钱买的几车图书。周世宗柴荣觉得奇怪，问他："你不好好舞枪弄棒，怎么居然读起书来？"赵匡胤回答说："蒙皇上重用担任将帅，怕无奇谋以助陛下，所以找书来看，为的是学知识，广见闻，增智虑。"后来，他甚至变得手不释卷。读书增加了他的知识，开阔了他的视野，也对他后来的施政风格大有影响。

5. 武林高手，拳、棍皆精

高平之战和在从征淮南期间赵匡胤敢于短兵突击，不仅是有勇有谋，更直接与他擅长武术有关。中国历代雄才大略的皇帝，擅长将略，运筹帷幄的居多，能督阵打仗的也不少。但能执锐挽

弓、冲锋陷阵的恐怕不多。在这里面，宋太祖赵匡胤可能算是异数。他出身行伍，文治武功之强人所共见。而且他潜心造拳，精于使棍，并助他打下赵氏江山300年，成为古今第一皇帝高手。

那么，赵匡胤的武术功夫是哪里来的呢？从前面的介绍来看，赵匡胤的家庭可谓是将官世家，所以其武艺高强，胆识过人，应该有一定家传的因素。至于升华与提炼，应该归功于他自年轻时投军于郭威手下，历经战阵锻炼。他在郭威手下的迅速被提拔、在周世宗手下的南征北战、屡立战功，乃至陈桥兵变的发动，走向帝位的过程中，他的武功显然发挥了不可替代的作用。

赵匡胤的武功首数棍法。后来戏文上都唱他"一条杆棒等身齐，打四百座军州都姓赵。"北宋末年权臣蔡京的孙子蔡絛在《铁围山丛谈》曾记载道：太祖皇帝没有发迹时，经常手执一条很重的纯铁棒。太祖功夫很深，加之时间一长，棒上已能看出指痕。蔡絛小时曾在皇宫中亲眼看到过这根铁棒，这个记载的可信度还是有的。在宋人话本小说《飞龙记》中，就讲过太祖擅长棍法，打遍天下豪杰无敌手。赵匡胤的棍法非常独到，明人称呼为"腾蛇棒"。清代人则进一步讲太祖的棍法有三十六路，甚至认他为棒法的鼻祖。

赵匡胤武术的另一个重要方面是他的拳术。直到现在，民间流传有太祖拳，古称"宋太祖三十二势长拳"。太祖长拳威猛激烈，极富阳刚之美。拳法讲究实战，攻防格斗，起如风，击如电。套路严谨，动作舒展，招式鲜明，步法灵活。刚柔相济，虚实并兼，行拳过步，长打短靠，爆发力强。实战效果很好，极有声誉，被称为神拳。其讲究近身截打，步步近前，应源于宋太祖训练士卒的遗法真传，综合士卒在战场上真拼实杀的格斗经验，编制而成。宋太祖登基为帝，昔日士卒将便将此拳称为"宋太祖三十二势长拳"。

宋太祖不光自己精于武术，骁勇善战。而且强将手下无弱兵，尽将自己的武学传给了自己的将士。他的部队里，士兵以武艺与角力获胜为荣。他还亲自挑选训练了一批高手，养在左右，与其切磋武功。这些人身强体健，上山下坡疾如迅雷，搏击起来都能以一当十。有人推测，宋太祖的武学就是由这批人传至民间，发扬光大的。

以皇帝之尊而在武术史上留下如雷的名声，影响许多门派、拳种、棍法，世所少有。明清以来，以宋太祖为名的武术套路流传在山东、河北及南方地区。太祖拳在明代抗倭过程中起过巨大作用，至今中国南北仍有传承。九龙棍、蟠龙棍的命名也与宋太祖有关。一些门派还把他当做祖师。所以，才会有人对武侠小说大师金庸从未提及他感到愤愤不平。

三、从征契丹

柴荣是五代时期最有雄才大略的英主。他早就谋定了先易后难、先南后北的统一战略，但却没有作茧自缚。在首先收回后蜀的关陇四州及完挫南唐军队士气，一举拿下江北十四州之后，僻处一隅的两个地方政权已对后周畏服有加，难以构成实质性威胁。他暂时停下了南进的步伐，转而开始收拾北方的危局。柴荣此举，绝对不是出于一时冲动，而是时势使然。要说清这个问题，应该先评述一下契丹族的崛起与中国北方政治格局的改变。

1. 契丹族的崛起与燕云十六州的割让

中国北方早就是一些游牧民族的生存之地。汉有匈奴，魏晋以来鲜卑族崛起于北方。其中一支叫宇文部，原居住在辽河上游，与另外两支鲜卑部落慕容部及段部鼎足而立。至南北朝时期，宇文部为强大的慕容部击败，残余分成契丹和奚两部。这两个部族在北方少数民族迭次崛起的过程中，屡受大族欺负，也不被北朝政权重视。所以从北魏初起就逐渐内附，并与中原政权发生了更多交流，文明有所开化。自唐朝建立后，契丹开始壮大。唐太宗贞观二年（628），它脱离突厥，归附唐朝，受到中央政府的关照。

契丹族中的有勇力者在朝廷任官及为将者不乏其人。从唐中叶起，契丹族开始从纯粹的逐水草而居的游牧生活逐步向游牧与定居结合的生活方式转变，国家的意识也有所觉醒。

唐末五代时期，耶律阿保机出现在契丹的政治舞台上，这是促成契丹崛起的大事件。利用唐末中央政府失势的时机，契丹族势力迅速壮大。阿保机是一个眼光超出传统契丹政治领袖的有雄才大略的人物。据说，他能说汉话，识汉文，并且懂书法。他的境内甚至开始吸引一些汉人生活。后梁贞明二年（916），阿保机诱杀另外七个契丹部落的酋长，建立了契丹国。从此，阿保机内事统一，外事开拓。先后征服突厥、吐谷浑、党项、沙陀等部族，统一了西北；又向东消灭了唐末以来称雄东北的渤海国，成为中国北方最大的帝国，势力已南侵至中原北缘。后唐建立后，阿保机连年攻掠李存勖控制的河东、河北的北部和辽西一带。不过，虽然辽军每次进入中国都有掳获，但军事上还没有占据上风。但其御兵严明，令李存勖都赞叹中国不及。公元926年，阿保机去世，其子耶律德光继位，即辽太宗。这是辽帝国发展的又一个重要时期。尤其是他利用五代各政权内乱之机，不断将触角伸入中原。尤其是在取得燕云十六州后，契丹人在地缘上完全取得了居高临下的优势，因此在与中原王朝对抗过程中立于不败之地，并成为当时亚洲范围内最强大的帝国。由此可见，燕云十六州的割让，是中原王朝与契丹之间战略关系转换的枢机。它是晚唐以后至五代十国时期最具影响力的历史事件，直接影响到了此后三、四百年间中国历史的格局。

这个事件发生在五代后唐末年。当时，后唐明宗李嗣源已死，他的儿子李从厚与养子李从珂为争夺帝位进行了殊死争斗，势力都大受削弱。李嗣源的女婿石敬瑭渔翁得利，势力不断壮大。李从珂则想彻底铲除石敬瑭。唐清泰三年（936），身为后唐河东节度使的石敬瑭，起兵叛乱，争夺帝位，但其势力难保成功，就决定向辽太宗耶律德光求援。如果石敬瑭仅仅是向耶律德光求救，为了报答契丹人，给点财物作为酬谢也没什么。

可是，年近半百的石敬瑭竟无耻地提出遵奉34岁的塞外大国契丹的辽太宗耶律德光为父，主动自称"儿皇帝"，并割让长城以南的燕云十六州及每年贡献银绢三十万两匹，请求施以援手。他手下的一号军头都押衙刘知远虽然是个沙陀人，但他的战略眼光和"中国情结"远强于石敬瑭。刘知远力劝道："主公此举大谬，想让契丹人来帮我们，出点钱就可，何必割让土地。您比耶律德光大十一岁，怎么能做他的儿子？何况雁北自古就是中国屏藩，一旦失去，契丹铁骑就可以毫无阻碍的驰骋中原，必然会酿成大祸，到时候想后悔都来不及了。"

石敬瑭不听，仍然派手下谋士桑维翰前去送信。辽太宗接信大喜，不惜御驾亲征，帮助石敬瑭打败了后唐军队。耶律德光在晋阳外柳林设坛，正式册封"义子"石敬瑭为中国皇帝，国号大晋，改元天福。石敬瑭为了感谢耶律德光对自己的大恩大德，立即将燕云十六州交割给了辽，并许诺每年向契丹父皇帝纳贡三十万匹帛。

燕云十六州是指当时的幽州（今北京市）、檀州（今北京密云）、顺州（今北京顺义）、蓟州（今河北蓟县）、瀛洲（今河北河间）、莫州（今河北任丘）、涿州（今河北涿县）、新州（今河北涿鹿）、妫州（今河北怀来）、儒州（今北京延庆）、武州（今河北宣化）、云州（今山西大同）、应州（今山西应县）、朔州（今山西朔县）、寰州（今山西朔县西北）、蔚州（今山西灵丘）等十六州，包括了今天北京、天津、河北西北部和山西大同周围的大部分土地，所辖的土地东西约六百公里，南北约二百公里，分布在长城南侧，全部面积差不多为十二万平方公里。其中的幽州，即今日之北京，后成为辽帝国的南京，地位极其重要。

燕云十六州境内拥有当时中国东北部与北部地区最重要的险关要塞与天然屏障，这是华北平原面对北方军事压力唯一可以作为战略屏障的山地地区。十六州一割，契丹不仅很大程度上解决了财政收入的问题，更为重要的是，契丹的南线防御从原来的今唐山、丰宁、张家口、集宁、呼和浩特一线向前推进了一百多公里，辽国的边疆楔入了中国本土。中原王朝不仅丧失大片的肥田沃土及城市人口，还使本地区的长城及其要塞完全失去作用，中国北方屏障尽失。从新划定的边防第一线，到当时的中国首都汴梁，即今天的河南开封，八百公里间，一马平川，整个中国门户洞开，使华北大平原全部暴露在北方游牧民族的铁蹄之下，辽军铁骑不须出境即可迫近中原。这一地区的丧失，使此后四百年间，中原王朝完全失去了军事上的战略主动地位。

石敬瑭割弃燕云，是真正的自坏长城，不仅后晋自己就亡于契丹，而且直接导致了宋朝在与辽的对峙中始终处于劣势地位，也使金朝能轻而易举灭亡北宋，形成宋金对峙的局面。两宋的外患都可以归咎于石敬瑭此举种下的恶果。中原社会经济受到了巨大的损失，历史发展的轨道也因此增加了许多负面的变数。

石敬瑭即位后，不仅按之前约定的每年奉送三十万的金银财帛年年不少，除了这些官方往来，他还注意培养私下的交情。每年契丹遇上红白喜事、周年忌日什么的，石敬瑭都要派人送去最新鲜的时令货和契丹国罕见的珍珠宝贝。耶律德光身边的人也得罪不起，上至萧太后、诸王、下至普通大臣，也都有一份。按说石敬瑭做的已经很不错了，但契丹贵族们并没有把石敬瑭当人看，有一点做得不好，就破口大骂，石敬瑭反正已经不要脸了，厚着脸皮赔笑，契丹人是得罪不起的。但石敬瑭如此自甘下贱，契丹人还是要找他的茬。

会同五年（942），石敬瑭因为私自接纳自燕云十六州归来的吐谷浑，屡受辽朝责问，忧恐得病而死。他的儿子石重贵即位，因为不愿称臣惹起辽太宗的愤怒，就出兵教训后晋君臣。会同七年，辽太宗出兵，辽兵所过之处，方圆千里之内都被掳掠殆尽。至会同十年（947）正月，迫使后晋出帝投降。辽太宗改服中原衣冠，并改国号为辽，想留驻中原。但其残暴政策及辽兵的四出掳掠却导致中原人民的反抗。辽太宗将所掳获后晋官员、仪仗、宫女、图书等尽数携带北归，队伍浩浩荡荡。

契丹大军此后未大规模进入中原，但只要燕云十六州仍控制在辽朝手中，中原王朝国破家亡的阴影就永远不会消失。后世的澶渊之役及靖康之变不过是历史的重演而已。

2. 柴荣北征时机的选择

后周建立以来，也屡遭契丹的威胁。契丹还成了北汉及南唐政权对抗后周的外援。南唐在失去江北十四州之后，江南之地也受后周威胁，他们遂暗地里派使臣北上联合契丹，欲行南北夹击，趁机收复自己的江北失地，并迫使后周放弃统一计划。以上种种情况，迫使柴荣暂且放下江南，解除北方的心腹大患。否则，他不仅不能倾力南征，统一大业也会成为泡影。而一旦收复燕云十六州，南方的几个小国肯定可以不战而下，从而完成天下的统一。

另一个原因是，当时契丹国内政争不断，国力削弱。辽太宗死后，他的侄子即位，即辽世宗。但辽世宗继位不久，即在天禄五年（951）被叛乱贵族所杀。帝位重回辽太宗之子、寿安王述律即辽穆宗耶律璟手中。辽穆宗即位后，大力排挤前朝的老臣，有敢公开反对者或图谋叛逆的人，都遭到他毫不客气的镇压。大臣们被禁止随便议论朝政，违反者要么贬官，要么罢官。之后，辽穆宗觉得天下安定、帝位无忧，就大肆纵酒游乐，一般都是通宵达旦。白天则昏睡不起，号称"睡王"。每次游猎，一定要尽兴而归，时间长达七昼夜。辽穆宗如此作为，大臣人心浮动，甚至连国舅肖眉古得也决定出走后周，另一个汉族大臣宣政殿学士李澣则直接给在后周为官的哥哥李涛写信，建议后周对契丹用兵。这些情况令柴荣感觉收复北方失地的机会来了。

后周显德六年（959）三月，南征之后只进行了一年的休整，周世宗柴荣即亲自率军北征。此次北伐，柴荣先命义武节度使孙行友率军加强对定州（今属河北）一带的戒备，防止北汉出兵与辽联手。又命侍卫亲军都虞侯韩通为水陆军先锋，打通水陆道路。柴荣自率各路兵马于沧州誓师出征。后周大军在柴荣指挥下势如破竹。四月，契丹宁州（今河北省青县境内）刺史王洪开门出降。随后，周世宗调整部署，仍令韩通担任陆路都部署，赵匡胤则担任水路都部署，水路并进。后周军战舰如云，旌旗蔽空，舳舻相接。大军两天之内就抵达益津关（今河北省霸县）。益津关与瓦桥关（今河北雄县旧南关）、淤口关（今河北霸州东信安镇）合称三关，是契丹的国防前哨与要隘，地位极其重要。但因历来都是契丹贵族南下牧马，中原军队从无北伐之举，所以守将佟延辉毫无准备，只好举城投降。

后周北伐的下一个目标直指瓦桥关，因水路不通，柴荣率军舍舟登陆，又令赵匡胤率前军直抵关前。赵匡胤用兵自有其独特之处，他任主将，一贯盔明甲亮，惹人眼目。部下嫌他显眼，他说自己就是要让敌军见识自己的威风。事实果然如此。瓦桥关守将姚内斌慑于赵匡胤的威名，一矢未发，即出关迎降。周世宗御驾移至瓦桥关，辽莫州刺史及淤口关守将等都纷纷投降。正在此时，侍卫亲军都指挥使李重进与其他将领也都赶到阵前，后周大军越聚越多，将瀛洲围成一座孤城，辽军守将遂弃城而降。后周发兵才32天，就旗开得胜，一举收复三关失地，及三州十七县，一万八千多户口。当地汉族百姓本来就不愿受异族统治，所以都箪食壶浆，迎接王师，场面十分感人。

但在君臣探讨下一步用兵计划时，发生了分歧。众将领对契丹铁骑素来忌惮，都大肆吹捧世宗取得的胜绩，希望见好就收。但周世宗意在长驱直入，直捣黄龙。他说："二十年前晋高祖卖我膏腴险障之地，北虏乘势每每南侵，杀我百姓，抢我牛羊，谁能忍之？契丹虽强，但朕不怕。今日一定要挫一挫契丹人的威风！"遂调兵遣将继续向北，前锋甚至攻下了距离幽州仅120里的固安。

柴荣曾立下"十年开拓天下，十年养百姓，十年致太平"的宏愿，但他惯于事必躬亲，又即位四年五次征战，日夜操劳与鞍马劳顿损害了这位壮年天子的身体。此次北征之前，他的身体已经不堪重负，呈现疲态，朝臣曾力劝他待身体恢复后再用兵，心高气傲的柴荣毫不犹豫地拒绝了。但四月七日，周世宗突然病情加重，倒了下米。

柴荣的病情关乎"社稷安危、万民祸福"，因此也就有各种民间传说流传。据说，当时每天督战的柴荣偶尔登上了瓦桥关外的一座小山，开始还兴致勃勃，后来闻说此地历代相传叫病龙台，即默然不乐，匆匆上马离开，当晚就突感不适。开始柴荣并不以为意，只是卧床休息，还想病情一旦好转即攻占幽州。但幽州人从一开始即对周世宗驾临幽州不抱希望。他们说"因为天子姓柴，而古幽州称燕地，实烟火之谓。柴遇到火，显然是一不利的征兆，怎么能成功呢？"至此，果然应验。

随征的众大臣们苦苦劝说，柴荣也叹息说：朕本想为子孙荡定北患，没想到会病倒在此。只能回京将养，等待身体痊愈，再来北伐了。说着，安排了得力人才镇守霸州、雄州，才启驾回京养病。

不过，回京之后柴荣的病情并未好转。六月二日，由于爱女夭折，柴荣伤心过度，病情更是急转直下。十九日晚，39 岁的柴荣因病去世。柴荣抱负远大，壮志未酬，壮年早逝是中国历史上的一大憾事。但后周在短短的几年里，依赖太祖郭威与世宗柴荣两代贤明君主的励精图治，积累了强大的政治、经济和军事实力。两代雄主的治世抱负、思维与行事，极大地影响了赵匡胤。虽然，周变为宋，但柴荣的事业却实实在在地为北宋时代的天下一统开启了征程。

在柴荣去世之前，他最倚重的后周重臣枢密使王朴猝然去世。王朴在后周的地位，就像刘备的诸葛亮、苻坚的王猛。他长于雄辩，又有谋略，忠心不二。他的《平边策》可与诸葛亮的《隆中对》齐名。他与柴荣情气相投，谊同兄弟，君臣关系极佳。柴荣对他信任有加，每次出征，都让王朴坐镇后方。柴荣听说赶到王宅，痛哭不已。据说，赵匡胤平素最畏服的一个人就是王朴。他当了皇帝，有次在功臣阁中看到王朴的画像，急忙整好衣冠，向像行礼。侍从劝止说王朴是前朝臣下，不应行此大礼。但赵匡胤用手指着自己的龙袍说："王朴如不早死，朕肯定穿不上这件龙袍。"

事实可能确是如此，王朴若是在世，赵匡胤就无法轻易夺得帝位。

四、柴荣的担心与后事安排

以柴荣之聪明睿智，对威胁皇位的各种势力都早有预防。尤其是在他的身体已出现问题的时候。至他去世之前，他先后罢免了几个有威胁的人，册立了皇储，指定了顾命大臣。

此次北伐，令周世宗柴荣感到蹊跷的事情还有不少。

1. "点检作天子"的谶言

一天，柴荣在阅览公文的过程中，突然发现了一个来路不明的"韦囊"（皮囊），囊中有块三尺长的木条，上面写着"点检作天子"。这显然是一个典型的谶言，柴荣非常震惊，但又不好发作。

五代时，都是以侍卫亲军司掌管中央禁军，所以侍卫司势力极大。后周太祖郭威就是从侍卫亲军司任上篡位的。为绝他人效仿之途，郭威在即位后，便创置殿前司，并任命外甥李重进为殿前都指挥使，来分散侍卫亲军司的权力。周太祖去世前，为防止身任侍卫亲军都指挥使的开国功臣王殷兵变，便设计处死了王殷。另行任命李重进为侍卫亲军都虞侯，将女婿张永德升为殿前都指挥使，辅佐即将嗣位的柴荣。

此后，因在征讨北汉的高平之战中，侍卫亲军不战而溃，柴荣在战后大力整肃禁军，杀临阵脱逃的将军70余人，又对兵员实行精简裁并，侍卫司总兵力降到6万人左右。与此同时，柴荣指令让赵匡胤选拔武艺高强及身手不凡者补充殿前司，殿前诸班一下子扩至3万人。但与侍卫司实力上的差距还很大。身居殿前都指挥使的张永德对手握重兵、身居侍卫亲军都指挥使的李重进也一直不服，不断有中伤李重进的言行，每逢宴请诸将，一定大暴李的短处。甚至曾借酒醉说李重进有"奸谋"（谋反之意）。还派使者进京告发李重进有"歹心"，虽然柴荣当时未见有什么表示，但他还是在不久后作出了一些体制上的重大调整。

显德三年（956）十二月征南过程中，柴荣设置了殿前都点检一职，位居殿前都指挥使上，新职自然由原指挥使张永德递升，他的空缺又由赵匡胤来填补。至此，殿前都点检所统的殿前司在当时已成为职级、势力完全能与侍卫亲军司抗衡的禁军部门。职掌两个部门的李重进与张永德也成为在权位、声望方面均可互相抗衡的禁军最高指挥官。

担任殿前都点检的张永德，任职以来屡立战功，权倾一时，威望不浅。此举也被认为是惹怒李重进，使其心理失衡、以致挟嫌报复的举措。再加张永德平时又用心结交下属，颇孚人心。以他周太祖郭威的女婿身份，这就更不免令人生疑。因为后晋石敬瑭就是以后唐明宗李嗣源的女婿身份篡夺帝位的。故周世宗在回京之后即将张免职，以赵匡胤代替。

"三尺木"的出现改变了历史，所以推测分析它的来历也就成了很自然的一件事情。有人认为系张永德的宿敌李重进所为，也有人从赵匡胤得益最大的角度推测，认为由赵或其手下策划的可能性最大，而宋人则更喜欢用天意来解释这一切。不过，以今天的科技知识来分析，宋人的天意说实在是不值一驳。但要说此时赵匡胤及其幕僚已经蓄意已久，怕也有违事实。

赵匡胤一直隶属殿前司，与张永德关系密切，二人之间并未有龃龉发生，各种记载未见有此反映即是明证，否则史书中应该会有蛛丝马迹。

其次，赵匡胤虽然已经羽翼渐丰，但点检一职并不是非此即彼，地位、声望高于赵者不在少数。

第三，"点检作天子"的谶言出在周世宗生病之前，要说此时赵匡胤已经开始觊觎皇位稳固、意气风发、正在壮年的柴荣的宝座，也不符合赵匡胤一向稳重的性格。

另外，还有人怀疑赵匡胤虽然身典禁卫，但要在四方进奏文书中做此手脚，也并非便利。但这不是最主要的，以赵匡胤当时的身份地位，要点手段，做点这样的手脚还是完全可能的，要害是当时并未到赵匡胤野心爆发的最佳时机。

2. 后事安排

柴荣对自己虽然信心满满，但身处人君之位，最忌人有不臣之心，他虽没有大动声色，但却不得不预为措置，尤其是在他"龙体不豫"之时，他的心理更是发生明显的变化，实际开始对后事作出安排。

比如，以前宰相请封皇子多次，正处壮年的柴荣说：功臣之子都未加封，先封皇子，不能自安。所以，一直不曾松口。但自负病回京之后，不得不考虑继嗣问题。柴荣共有七子，但三个年长的儿子在后汉隐帝末年内乱时被发狂的后汉隐帝所杀。此时，最大的柴宗训才只有 7 岁，世宗遂册立四子柴宗训为皇位继承人，封梁王，领左卫上将军，五子柴宗让为燕王，领左骁卫上将军。当然，罢免张永德也是此计划的一部分。

另外，又新册立了皇后。自原皇后、符彦卿之女符氏于显德三年（956）去世后，后位一直空置。现在柴荣复立符皇后之妹为皇后，意图很明确,就是一方面可以由符皇后垂帘听政，另一方面也可利用外戚符彦卿的力量，巩固皇位。

更为关键的托孤安排是对文武大臣的选择。

柴荣托孤于宰相范质、王溥、魏仁浦三人，并命范、王参知枢密院事，魏仁浦兼枢密使，三相并掌军政大权，辅佐幼主。而且，以宰相兼枢密之职，实际上是制衡武人的一个措施。

而对手握重兵的武将，柴荣心存忌惮，并不信任。他除了将殿前都点检张永德免职之外，还将他外放澶州。李重进仍任侍卫亲军都指挥使，但领兵出京，赴河东一带备御北汉。京城禁军由赵匡胤和侍卫马军副都指挥使、同平章事韩通统领，但继张永德之后担任都点检一职的赵匡胤只统率禁军，军令事务则交由韩通裁决。

对赵匡胤的任命也反映出柴荣的这种心态，毕竟"点检做天子"的谶语言犹在耳，柴荣不能无动于衷。大臣右拾遗杨徽之也上书柴荣，反映赵匡胤在士卒中很有威望，不宜典掌禁军。但柴荣环视周围，并无他人可用，赵匡胤虽素受他信任，他也不得不作防备，将处理军务之权交给韩通。此种安排，显然是备费踌躇。

周世宗柴荣对自己的身后事作了周密安排，以文统武，武武相制。但是事实证明，他还是低估了赵匡胤的野心和实力。而范质、王溥、魏仁浦等人与韩通均无法与赵匡胤抗衡。陈桥兵变不可避免地发生了。

五、陈桥兵变

陈桥兵变的本身充满了神秘色彩，清人查慎初描述过此情况：千秋疑案陈桥驿，一著黄袍便罢兵。怀疑这一切经过处心积虑的设计。虽然迷雾重重，也有五代十国皇位更替的戏剧性，甚至操作的痕迹也很明显，但陈桥兵变本身似乎也有一定的必然性。

1. 边报频传，谶言兴波

五代所有皇帝都由兵将拥立，禁军将领又因为近水楼台而先得月者多。此风始于唐末藩镇割据之时。当时朝廷失权，节镇拥兵自重，为笼络人心，都对手下将士隆崇有加，这样就培养了大批的骄兵悍将。节度使们蔑视朝廷，军士就不免挟制主帅，尤其以主将身边的牙兵（亲兵）为甚，一旦稍有不如意，即发动兵变废立主将。一般创业主将在世，尚能控制局势。一旦主将孱弱，局势即会失控。发展到五代时期，手握重兵的武将率皆拥兵自立，成为惯例。武将们振振有词，如后晋大将安重荣就曾放言说：天子，兵强马壮者为之，难道还需有特别的贵种吗？因此，五代政权更迭频繁、皇位不稳，也就成了司空见惯的现象了。从石敬瑭到郭威，无不如此。相沿成习，即使主将意图并不明显，也难免会有黄袍加身、强人所难的戏剧化现象。

柴荣虽处心积虑，但计划比不上变化，柴荣一去世，年方7岁的幼子柴宗训即位，君幼臣强，自然主少国疑。想当年，柴荣即位时，已入壮年，但却因未立大功及人望不够，指挥不动禁军。现在柴宗训作为一个黄毛孺子，即使有柴荣的千般安排，万般叮咛，也不足以安定局面。后周政局变数加大。当时，主政的宰相调整了两员手握重兵、会成为赵匡胤潜在对手的武将李重进与张永德的防务部署。前者移镇扬州，后者改镇许州，两人都远离了行政中枢。统掌禁军的赵匡胤一下子处于最有利的地位。殿前司的主要实力将领副都点检慕容延钊、都指挥使石守信、都虞侯王审琦，侍卫司的主要将领除马步军都指挥使李重进、副都指挥使韩通以外，都虞侯韩令坤、马军都指挥使高怀德、步军都指挥使韩令铎等无不都是赵匡胤的义社兄弟或好友。再加上以赵普、楚昭辅、王仁赡及兄弟赵匡义等人组成的幕僚班子，或长于兵机谋划，或长于吏治，或长于理财，人才济济。赵匡胤实际上已具备了一个新朝班底。这个班底在帮助赵匡胤走向皇位的过程中，立下了汗马功劳，成为拥戴的功臣。

赵匡胤虽然是从小校成长起来的，但他已显露出不甘久居人下的抱负，也有慑服英雄豪杰的能力。虽然，从柴荣对他的信任及在朝廷中的地位，他理应全力拥护恭帝，报效朝廷。但这样做的风险也是巨大的。当年，郭威和刘知远间之交情深厚，是赵匡胤与柴荣的交情没法比的。论功勋，身为托孤大臣的郭威曾在后汉隐帝即位不久平定了当时声势浩大的河中帅李守贞、风翔帅王景崇、永兴帅赵思绾等"三叛连兵"，稳定了后汉政权，以枢密使身份加封侍中。但功高震主，后汉隐帝在自己的心腹大臣的鼓动下，诱杀了在朝中的宰辅大臣杨邠、王章、史弘肇等人，并要诛杀郭威。郭威被迫起兵自保，但留在东京的家小，却被隐帝满门抄斩。由此看来，在五代以来的政治环境里，选择效忠有可能付出巨大的代价。赵匡胤若选择效忠恭帝，也有可能步郭威的前车之鉴。

事实上，危险已经在酝酿之中了。京师中已有关于赵匡胤要叛变的传言。殿中侍御史郑起上书宰相范质，反映赵匡胤等人言行诡异，希望朝廷警觉，尤其赵匡胤素有人望，在当前"主少国疑"的多事之秋，似他这样的人不宜统帅殿前司的虎狼之师。很

"黄袍加身定赵氏乾坤"宋太祖黄袍加身处，今为文管所办公场地

可惜，这一意见并未引起范质等人的重视，也并未作出任何防范措施。后人只好叹惜他的"先见不能用"。郑起意见的价值和切中要害，可以从入宋以后他本人受到阴谋者的忌恨及朝廷的压制看出来。郑起之人品学问，本很受世人钦佩。但其后仕途坎坷，未留子嗣，家声不佳，文编散失。宋初官修的《周世宗实录》说他"轻俊无检操"，可以代表官方对他的评价。

但更为致命的威胁来自执掌军权的侍卫马军韩通之子韩微。韩通是鲁莽武夫，胸无城府。他儿子韩微小时生病落下残疾，是个驼背，但却很有见识。时势危急，他强烈建议父亲先下手为强，设法提前擒杀赵匡胤。无奈韩通既无此心计，也无此魄力。而且他也确实低估了赵匡胤的实力。赵匡胤虽然贵为殿前都点检，但毕竟年龄尚轻，还未取得一人之下，万人之上的名望。朝中地位、声望在其上者大的有张永德、李重进、韩通，就连慕容延钊与韩令坤在军中的资历也比赵匡胤深。殿前司禁军的实力与李重进、韩令坤以及驻扎潞州防御北汉的昭义军节度使李筠手下军力都很强。

郭威的经历是赵匡胤亲眼所见，不能不让他另做打算，但他又有些犹豫，顾虑会引起其他武将的反抗而引起内战。而他的兄弟赵光义及亲信义社十兄弟、幕僚赵普等的意见则十分明确，就是发动兵变，彻底掌握局势，避免不必要的混乱。赵匡胤仍然非常谨慎，他在等待一个合适的时机。韩通的机会稍纵即逝，而赵匡胤及其手下反而加快了行动步伐。如果行动有计划、有模板，或是有剧本，赵匡胤可以说是完全翻版了郭威当年黄袍加身的好戏。

显德七年（960）正月初一，从北方的镇、定二州（今都属河北）传来边报，说是北汉主刘崇乘世宗柴荣新丧之机，又联合契丹入侵来了。后周群臣正在宫中庆贺新年，一时惊慌无主。主政的符太后与宰相范质等人，急切之中不辨真假，经过一番讨论，决定派殿前都点检赵匡胤率三军迎敌。

翌日，挂帅的赵匡胤即调兵遣将。首先命自己的副手慕容延钊领前军为先锋，先行北上。调侍卫马军副指挥使高怀德、侍卫步军都指挥使张令铎及侍卫步军虎捷左厢、右厢都指挥使张光翰、赵彦徽随队出征。留下本部的殿前都指挥使石守信、殿前都虞侯王审琦协助老将韩通守护京城。

这样的安排表面上看，无可指责，实际上却大有深意。殿前司与侍卫司各自抽调了部分军马出征及留守，劳逸均衡，无人可以嚼舌头根子。

诸军部署完毕，回去各作出征准备，第二天出发。

可是这一天对赵匡胤来说，实在有点漫长。开封城里突然流言四起，那句"点检作天子"的谶语再度出现在市面上。敏感的人们担心改朝换代不免发生，又人心惶惶，有些官宦及大户人家已预作出城打算。因为十年前郭威的叛军杀回开封，放纵军士烧杀掳掠，无数百姓家破人亡。往事不远，市民作出这样的反应实属正常。

这种种反常肯定都会反馈到当朝宰相及军权在握的韩通手中，令赵匡胤如坐针毡，在外不好发作，回到家里难免坐立不安，对家人也就恶言恶语。不料此举却引他的妹妹鄙视。这个小女子铁青着脸从厨房中掏出擀面杖追打赵匡胤，并斥责他说：大丈夫遇到大事，是否要自己决断，回到家里吓唬妇女、向女人抱怨算什么本事呢？

很难说，妹妹的言行是否让赵匡胤下了决心。但事实却是赵匡胤一步步走得越来越远了。或许，赵匡胤也并没有太多的选择，要么造反，要么被杀，确实只在一念之间。赵匡胤是素有大志的。因为他的母亲在他兵变成功后说过：吾儿素有大志，今日果然成功。但即使这样，在迈出最后一步前出现良心发现、于心不安，也属正常现象。他妹妹的举动，不过是变相督促他下定终极决心，否则，妇人之仁、当断不断，不仅害己，也会贻害全家。在这一点上，旁观者反而会更清楚。最终，赵匡胤在度过短暂的道德困惑期后，下定了决心，这就有了名传千古的"陈桥兵变"。

当然，在此之前，首先得稳定局势。赵匡胤当天上门拜访了韩通，以消除对方可能有的疑惑。赵匡胤基本达到了自己的目的。那个韩微，再次劝父亲采取措施，不过固执的韩通仍然没有采纳儿子的建议，这个最后的机会也就残酷地从他的指缝里溜走。人们在评价韩通此举时，往往认为他当断不断，反受其乱。而事实是，韩通作为军事方面的最高领导人，显然比儿子有更多的考虑：他还要考虑大局。若是此举稍一不慎，枉杀主将，局势可能就会变得不可收拾。当年，后汉隐帝因为无罪处死大臣，最终逼反了郭威。如今，只是因为潜在的威胁或是蛛丝马迹就处死重臣，恐怕会有重蹈覆辙的危险。

至于其他执政的三位宰相为何没有动作，反而下令由赵匡胤带兵出征？也有各种解释。如苏辙《龙川别志》记载，顾命大臣、宰相王溥实际上已经倒向赵匡胤了，即所谓"阴效诚款"。这样看来，三位宰相已难统一步骤，一切局势都在赵匡胤一方的掌握之中。只待熬过这一天，军马一出开封城，历史就完全改写了。

2. 兵变惊魂

显德七年（960）正月初三，各路军马集结完毕，浩浩荡荡离开开封。三军整肃，并无异动。随着大军开拔，开封城也谣言渐息，人们重新归于安静。但是，戏剧的舞台实际上转入了北伐军中。

大军行进一天，天色渐晚，而此时，军中也不失时机地冒出了一些奇闻。殿前司军校苗训，素习天文，擅长占卜、算卦，能预料雷雨风云。行军途中，他突然停住，仰望云气。此举引起了赵匡胤麾下的亲吏楚昭辅的注意，便上前发问。苗训便说：你不见日下复有一日吗？楚昭辅经此提醒，果然发现远处日下复有一日，互相摩荡，熔成一片黑光。不一会，一日沉没，只留一日，发出灿烂的阳光，这个太阳周围还有紫气环绕，好一阵才下山。苗训告诉楚昭辅，这就是天命。先前的太阳和日光，应验在周身上。后现的太阳与日光，应验在点检身上。而且苗训强调，天象已现，应验之日就在眼前。楚轺辅惊异不止，逢人便讲。此事之真伪已不可考，要害不过是"借天惑人"。不久便传遍军中，军将都以为此为异兆。那些图谋兵变的将士更是由此受到莫大的鼓舞。

军中诸将中率先发起倡议的是赵匡胤的亲信高怀德。他说："主上新立，又很幼小，我等虽然身临大敌，出生入死，也无人知道。目前之计，不如先设立点检做天子，然后再去北征。不知诸公是何意见？"众将一起呼应，说高公所言甚当，可依计速行。另一个赵匡胤的心腹李处耘提出此事应该征求点检本人的意见。得到恩准，才能施行。但又担心点检不会应允。所以，最好还是找点检之弟光义商量，由他向点检说明，事情才会成功。众将又找到光义。赵光义认为此事关系重大，必须和赵普商议。

一大帮摩拳擦掌的将军涌入赵普帐中，众说纷纭，但都是要立马就推戴赵匡胤做天子。赵普担心军心有反复，所以并不着急。

虽然群情汹汹，但赵普仍然板起脸，义正词严地斥责他们说：太尉赤胆忠心，必定不会宽恕你们如此的言行。将士们一时不知所措，悻悻而归。

赵普本意当然不是喝退叛兵，扮演救火队员的角色，他只不过是要弄清这些跋扈的军人们的本意。而这些武人们退下之后，发现他们实际已无它路可走。所以，不久之后他们就去而复来，不过这次他们就更坚决了。他们说：按军规，军中有聚谋者就要灭族。我辈既已有此倡议，太尉不从，我等自然就会受惩罚。所以，太尉必须当天子。

事实上，册立不成或胡乱册立，招来杀身之祸的事也确实不少，单是五代以来就有三次。比如，有一次石敬瑭外出打猎，他的手下有人喊他万岁，但他自认时机还不成熟，所以当场砍了三十多个士卒。对石敬瑭来说，这是用来自保的唯一办法了。

后晋的杨光远虽没有大开杀戒，但却大骂士卒说：皇帝是你们这些人能贩卖的东西吗？

第三个是一个瓦桥关的守将，他被部下拥戴，但他自认无此德行，所以只好当场答应，但在第二天部下为他准备的登基仪式上，他却偷偷地埋伏下上千刀斧手，把那些想逼他当皇帝的骄横士卒统统砍了。

由此看来，册立对拥戴者与被拥戴者双方都是一桩危险极大的买卖。所以，赵普的谨慎也就是很有道理的了。待他确认这些将士们的真实意图后，他又告诫他们：策立，这是大事。你们不能如此放肆、猛浪！他还故意激将道：现今外敌压境，不如先合力驱逐外寇，退敌之后再商议此事。诸将一口拒绝，说：当下政出多门，如果等到驱逐外寇之日，事情还不知是个什么情况。现在只要回军返都，册立点检为天子，然后再引军北征，破敌并非难事。反过来，太尉如果不肯接受三军的美意，三军将士也就不可能再向北一步。

赵普是极富政治眼光的幕僚，他深知册立简单，但要真正赢得天下归心却并非易事。他向诸将讲解道：兴王易姓，虽然说是天命，但又系于人心的向背。现在北征之军前锋已过黄河，各方节度驻守四方，此种情况下，若将士依循旧规，回京之日肆意掳掠，必定会使京城生乱。京城生乱，外寇就会愈烈，四方百姓也会因乱生变。只要诸位能严格约束将士，不许军士剽掠，京城人心才不会乱。京城人心不乱，四方自然安定，诸位就可共保富贵。这些话语，不只是苦口婆心，也是赵普与诸将的"约法三章"。鼓噪的诸将齐声答应，赵普与赵光义就一面派军校郭延赟连夜赶回开封，密报留守京城的殿前都指挥使石守信和殿前都虞侯王审琦，做好接应大军回城的准备。同时，又安排亲信将士守卫帅帐及军营各重要场所，以防生变。

这一夜，军营里暗潮涌动，对多数人来说是个不眠之夜。但奇怪的是事件的主角赵匡胤却在入夜之后一改往日的谨慎习惯，大喝一通老酒之后，即高卧帅帐，一夜无话。

第二天，也就是显德七年正月初四清晨，天光尚未大亮，宿酒未醒的北征主帅赵匡胤就被营中发出的山呼海啸般的鼓噪声惊醒。他还睡眼惺忪之际，赵普和一班擐甲执兵的禁军将校涌入中军帐内，齐声嚷道：诸将无主，愿册立太尉为天子！赵匡胤还未及反应，就被一班将士拥到案前，把一件象征天子身份的黄袍披在了他的身上。然后又齐刷刷地退后便拜，口呼"万岁"。然后，众将士簇拥着赵匡胤一哄而出，外面早已列队完毕的士兵纵情鼓掌欢呼。一班人又将他扶上战马，想径直向开封进军。

赵匡胤却不着急，他揽辔驻马，反问将士们说：你等贪图富贵，拥立我为天子，但我有一条件，你们如能听我命令则可，否则，我不能做汝之主。众将纷纷滚鞍下马，表示从命。

赵匡胤说：少帝与太后，是我曾北面侍奉的；公卿大臣，是我昔日同僚；这些人都不能冒犯。另外，近代做帝王的，初入京城，无不纵兵大掠，汝等不许再如此。听命者有赏，违者则有杀身之祸。众将齐声允诺，赵匡胤算是接受拥戴。赵匡胤一再与手下将士约法三章，不仅保证了政权过渡的平稳完成，而且也使他的起兵与五代旧军阀的兵变区别开来，为他道德有亏的攘夺天下增加了某些合法性。

得到三军将士全力拥戴的赵匡胤也不再客气，开始着手如何接手后周的江山。

当务之急是稳定京城形势。他派出了两个手下回京。一个是亲将潘美，前去会见宰相及以下文武大臣，通报兵变事宜。另一个是门下幕僚楚昭辅，前往赵府报告赵母及家人，报告册立消息。自己则整顿三军兵马，回攻京城。

当时担任客省使的小将潘美受命之后，一路疾行，很快跑完了陈桥驿到开封的四十里地。他进入开封的时候，后周君臣尚未退朝。潘美昂然上殿，从容向后周君臣宣布，赵匡胤已经兵变称帝，正在回京途中。君臣愕然，不知所措。年轻新寡的符太后，除了抱怨一句三个顾命宰相以外，哭天抹泪一番，只好退朝回宫。

范质只好嗫嚅着出去劝谕，也无什么良策。退出朝门的首席宰相范质痛悔地向在身边的另一个宰相王溥说：仓猝遣将，我等之罪啊。他的手不自觉地抓向王溥，甚至都快抓出血来了。而王溥则咬牙噤声，不能应对。三位宰相丝毫无计可施。手握兵权的侍卫新军都指挥使韩通，眼见宰相无所作为，即策马回营，分兵抵御。

为了平叛，韩通立刻率兵前往殿前司，希望在那里能捉拿住赵匡胤的家人，以此来做平叛的筹码。听说赵匡胤的家人去了城内的定力寺上香，他又派出了另一队人马。

赵匡胤的大军也很快来到开封城外，但正对着陈桥驿方向的陈桥门守将，却是无论如何不肯开门。赵匡胤的大军只好绕行到封丘门进城。

3. 秋毫无犯，"应天"受禅

大军进城，一路军纪严明，秋毫无犯。唯一的流血事件，发生在韩通身上。韩通率军进攻殿前司，受到早有准备的石守信的弓箭伺候，只好退走。回军途中，碰到赵匡胤部下的殿前司军校王彦昇。王彦昇说新天子到了，命令韩通去接驾。韩通不听，反骂王彦昇等人是贪图富贵，擅谋叛逆，气得王彦昇带兵一顿冲击，杀散了韩通的手下，又冲到韩通家里，大杀一气，只有韩通的幼子韩琼及四个女儿留了下来。韩通的反抗，算是开封城内稍有力度的反抗行动。对于韩通，虽然他在登基后予以厚赠厚葬，但却一直耿耿于怀。据说多年以后，赵匡胤偶到开宝寺，见寺中墙上画有韩通与其子韩微的画像，还急命手下将其涂去。可见其心里对此一直是不舒服的。

五代时，改朝换代是家常便饭，所以会有长乐老冯道那样的人物。我们不能以平常的尽忠成仁的要求来看待他们。韩通也曾是后汉的高官，他虽然有忠于周的晚节，也曾背叛于汉。忠于此，叛于彼，实在是一笔糊涂账。

赵匡胤既约法三章，开封城很快被拿下。士兵控制了各处官衙要害，市内各处安定如旧。赵匡胤效法当年郭威入京"先归私第"的旧例，将没有任务的士卒遣归营寨，自己也没有直接进入皇宫，而是首先回到了自己从前的殿前司官署，被石守信等人迎候进去。

不久，军校罗彦瑰等人将一班朝臣范质、王溥、魏仁浦等裹胁而来。赵匡胤见了他们，不禁大倒苦水，说：我世受世宗厚恩，但受六军胁迫，走到此地步，确实是惭负天地，不知怎么办？但还不等范质等人回话，罗彦瑰等人又鼓噪起来，说我辈无主，一定要立点检作天子。一边说，一边拔剑示威。宰相王溥第一个倒身下拜，承认了君臣名分。另一个以执拗著称的宰相范质不得已也下拜称臣。赵匡胤则摆出礼敬的样子，下阶挽住两人，并承诺礼待旧天子，不负周室。范质见大势已去，反而主动督促赵匡胤行受禅之礼，并负责召集百官。

小符太后在赵匡胤进城，大势已去之后，就脱下了小皇帝身上的皇袍和自己的太后装束，穿上白衣，进了世宗柴荣记名的功德禅院天清寺。符太后并不是一个毫无见识与能力的女人。她在再嫁给柴荣之前，曾经嫁给后汉重臣李守贞的儿子李崇训。李守贞被郭威的士兵攻杀时，李家合族几乎都未能幸免。但当时的小符太后非常从容，她独自当门而坐，斥责乱军，称自己是符魏王（符彦卿）之女，魏王与枢密太尉（郭威）有兄弟不及之情，你们不得无礼！乱兵受到震慑，没有人敢冒犯她。柴荣临终之前册立皇后，除了对皇后本人的信任外，还想依重皇后之父符彦卿。符彦卿当年是个狠角色，连辽国萧太后都会问一下他是不是死了，才会让儿子耶律德光进军中原。但此时危亡之际，这些亲情已无法奏效。因为符彦卿的女儿，除了嫁给周世宗的以外，还有一个嫁给了赵匡胤的弟弟赵光义。由此看来，符太后在改朝换代之际的表现既可以说是明智，也可以说是无奈。她能主动配合赵匡胤演完这场禅让的大戏，也为柴氏子孙赢得了生存之机。

到下午黄昏时分，诸事筹备完毕。朝臣们依次入朝，又将惊魂未定的小皇帝叫来参加禅位大礼。在司礼官的主持下，赵匡胤在自己的亲信石守信、王审琦等人的簇拥下，来到皇宫的崇元殿，举行了禅位大典。翰林承旨陶谷从袖中掏出为小皇帝准备的禅位诏书，由司礼官代读。诏书中小皇帝柴宗训自谦地说周"人心已去，天命有归"。说殿前都点检、检校太尉赵匡胤有"天纵之姿，有神武之略"，东征西讨，战绩赫赫。而且说"天地鬼神，只享用有德之人的供奉；讴歌执法严明的诗文，只献给那些至仁至义之人"。自己应天顺人，进行禅让，如释重负。并将敬畏天命,永居宾位。

赵匡胤在北面拜受诏书之后，登上崇元殿，穿戴好龙袍御冕之后，座上龙椅，接受百官的拜贺。奉周帝为郑王，符太后为周太后，迁居西宫。数日后，因曾领宋州节度使，故号天下曰宋。改元建隆，并大赦天下。周、宋易代圆满完成。是年，赵匡胤年方34岁。年纪轻轻地就通过一场精心布置的兵变，登上了人间至尊的君位。

赵匡胤常常宣称："帝王之兴，自有天命"。还曾经十分感慨地说："天命这玩意儿，求之不得，拒之也不成。周世宗是多么英明的一个人，见到方脸大耳的人就要干掉。可是我整天就在他身边，却安然无事。这就是天命呀！"显然，他认为自己就是上应天命的。如果不是天命，这是解释不过去的。事实上，赵匡胤取得周世宗柴荣的信任相当不容易，除了万死不辞、忠心耿耿的冲锋陷阵之外，他对人主猜忌心理的洞察和机智的应变能力也作用不小。

有一次，柴荣召赵匡胤喝酒。醉眼蒙胧中，柴荣盯着相貌堂堂的赵匡胤打量了半晌，突然说道："你小子方面大耳，好一派帝王气象。说不定今后也有九五之尊呢！"赵匡胤一听之下，吓得汗流浃背，酒也吓醒了。他端起酒碗猛喝几大口，然后，看着皇帝柴荣的眼睛说道："臣不仅方面大耳，而且体壮如牛。这些都是属于陛下的，臣随时准备把这一切奉献给陛下。别说耳朵脸面，臣的心肝也很肥厚，皇上要是需要，任何时候只管命人来取就是，臣绝不会皱一下眉头。"为了消除皇上的疑心，他继续说道："皇上所言，令臣如万箭穿心。臣方面大耳，乃父母所赐；皇上身登大宝，却是天命所归。臣不能违父母之命，只能生成这个样子；就像陛下不能违背天命而拒绝皇位一样。请陛下指点迷津，臣该如何是好？"赵匡胤真诚、机警的辩白，显然令周世宗很满意。柴荣大笑着说："酒后戏言，何必当真？"一场虚惊就算过去。

但就赵匡胤而言，这次酒后戏言肯定对他有很大的刺激。或许以前他确实没有这样想过，这话也可能会撩拨起他的念头，使他对此问题进行一个认真的思考。虽然周世宗柴荣极其强势，他还没有机会，但可以说，他已在不自觉地悄悄地做着这方面的准备。即使没有发生陈桥兵变，像赵匡胤这样的人中豪杰，凭他在后周军界的地位，发生政变也是迟早的事情。更关键的是，或许还有更多的人也在想着同样的事情。

赵匡胤对陈桥兵变究竟有没有事先参与？虽然宋朝人总是说

此举是应天顺人，堪比尧舜禅让。但实际上，这样说只是在儒家的伦理道德框架下给这个不怎么光彩地夺得天下的行为做出美化。想完全将赵匡胤撇清，用心良苦，但肯定不符合事实。因为当楚昭辅奉命通知赵家人时，赵匡胤的母亲随口说出的一句话，就可证明这种说法的虚伪。老太太说："吾儿素有大志，今日果然成功！"所以，这种认识不能当真。在宋代以后，也基本无人相信。岳蒙泉有两句诗"黄袍不是寻常物，谁信军中偶得之"，就明显地不相信兵变的偶然性。如果不是事先准备，军中怎么会有黄袍这等禁物呢？十年前郭威披的是黄龙旗，勉强还算能装得过去。

赵匡胤手下那帮人处心积虑，又想遮掩事实真相，因此难免矛盾百出。至于查初白的《汴梁杂诗》，则直接点出"千秋疑案陈桥驿，一着黄袍便罢兵"的不合逻辑，也点明了事情的真相。本来军情报的是辽汉联合入侵，赵匡胤这才有机会领兵夺位。奇怪的是，黄袍加身后，辽、汉联兵南下突然没了下文。不仅《宋史》中没有相关记载，元人所修、逢战必记的《辽史》中也毫无痕迹。辽、汉联兵神龙见首不见尾，怎能不让人心疑？从兵变后大军并未继续出征来看，辽军入侵的情报极可能是假的。《辽史》上对此事情的记载说：是岁，周主薨，赵匡胤自立。这种记叙更是一针见血。

关于赵匡胤做皇帝，还有这么一则轶事。据说华山道士陈抟乘白骡入汴州，路上听说赵匡胤做了皇帝，高兴至极，以致忘乎所以，从骡背上滚了下来。连说："天下于是定矣！"如果这不是赵匡胤做了皇帝后的附会之词，就是说当时的人们对他做皇帝还是充满了新的期待的。

而赵匡胤在做了皇帝后，采取宽容的手段治国，不仅没有大加杀伐，而且能照顾当年拥戴的功臣及柴荣后人。他自奉甚俭，又能爱惜民力。他还富于政治理想与抱负，有志统一国家的励精图治。总之，他一改五代枭雄的遗风，没有让人们失望。北宋政权确实创下新的格局与气象。如果我们再对比一下五代以来几十年间政变与兵变方面的血腥与残酷，就可以看出陈桥兵变设计的用心良苦。显然，对此也就应给予总体上肯定的评价。

4. 陈桥崖海须臾事，天淡云闲古今同

陈桥驿在当时是前往山东、河北路上一个普通驿站，至今也还不过是个一般的北方小镇。时间已历去千年，当年从陈桥驿往北还要走上百里才能到黄河，现在的陈桥驿早已处在黄河之北。因为北宋之后，黄河已多次改道，距今三、四百年的一次改道，把陈桥驿隔到了黄河以北。今天的旅游者到镇上看到的，不过是些低平的房舍，狭窄的街道，人流三三两两不断，但也不到熙熙攘攘的程度。看起来它的名声主要还是得自于一千多年前的那场演戏一样的兵变。从此王朝易主，历史改写，陈桥驿也成了千古名镇。

在北宋时期，这里因为是"龙兴之地"，故名声显赫。宋初，这里被改作"班荆馆"，规模一再扩大，建筑考究，富丽堂皇，设施齐全，成为接待契丹国使、过往官员及举行国宴的场所，不再只是一座普通的驿站。到宋徽宗时，又改名"显烈观"，以"显扬祖烈"。北宋末年，宋金交战，金人有意毁损宋朝文物，此处建筑多数被毁。陈桥驿卸去繁华，返璞归真。

现在的陈桥驿还保留着此次事件的许多文物，如当年设过军帐的东岳庙，军将们饮过水的古井，还有几处记录此事的碑刻和宋太祖拴马的系马槐。民间有"赵匡胤拴马时是将军，解马时就

是皇帝了"的说法，"系马槐"因此很有传奇色彩。这棵高丈余的古槐历尽沧桑，直到1983年才枯死。东岳庙也为旧有之物，见证过当年有趣的一幕，再加上其本身即是敬拜神灵的神圣之处，所以一直是中州大地上的著名古迹，现在则被当地的文物部门辟作展室，介绍陈桥兵变的由来经过。那些碑刻则是历代文人学士的咏怀之作，其中比较有名的是清人顾贞观、张德纯、金梦麟等人的诗词。这样的诗词还有很多，有的则是把赵匡胤陈桥得

今日开封陈桥驿宋太祖黄袍加身处的古槐

国与宋末帝赵昺在蒙元大军逼迫之下崖州跳海放到一起。如何希齐就曾写过这样的诗句：

陈桥崖海须臾事，天淡云闲古今同。

将两宋三百年的繁华与兴亡一笔带过。游人来到陈桥驿，又有谁不会感叹一代枭雄赵匡胤呢？不论如何，赵匡胤逆取顺守，缔造宋室三百年江山，并带来宋朝经济社会文化发展的繁荣，他也终成为"唐宗宋祖"并列的贤能君主。从某种意义上说，这未尝不是中国历史发展的一件幸事。

六、定都汴梁

宋朝建国以来的政治安定、人文勃兴，很快被军事、外交上的屈辱所抵消。原因众多，与宋太祖的强干弱枝、扬文抑武很有关系。但另一个原因，即国都的选择也很有关系。

国都，也叫京都、京师，是国君所居、人所都会之地。所以，国家首都的选择有很大的讲究，与国家的兴亡密不可分。

1. 名城沿革

开封城初建于先秦时期。战国时期属魏。魏惠王迫于强秦的威胁而将都城迁到此地，改名大梁。因此地处中原要冲，地理位置优越，魏国在此营建城邑，使当时的大梁城成为与秦都咸阳、楚都郢城、齐都临淄及赵国都城邯郸齐名的"万家之都"。战国末年，秦将王贲水淹大梁城，繁盛一时的大梁城成为一片丘墟。秦代以后，始在此地置县，南北朝后期升设梁州，唐朝中期开始改称汴州。建中二年（781），汴州节度使李勉重新修筑了当地的城池，提高了汴州城的政治经济军事地位，汴州一变而为中原地区的一座重镇。新汴州城初具规模，城池坚固，成为北宋都城的里城。城中的各种衙署建筑，成为五代各朝及宋代皇城的基础。

开封在唐代是汴州州治，后梁建为东都，这是其地位提升的开始。后晋再次建都于此，称为东京。可见，北宋之所以建都汴梁，有历史的原因。

对开封城的建设作出突出贡献的首数周世宗柴荣。由于城内人口增长迅速，房屋密集，民宅侵占官道，车马通行不便，火灾频发，消防不便。为了解决此问题，显德二年（955）春周世宗即着手规

清明上河图（局部）中的汴梁美景

划扩建汴梁，但为了不误农时，拖到第二年春才动工。十余万民伕一齐动手，修成了周长 50 里的汴梁外城。在老城区，周世宗还开展了大规模的拆迁工作，拓宽道路，居民迁至外城。负责这项工程的是周世宗信任的大臣王朴，他亲自设计方案，督促实施，将开封城改造得道路通畅，街坊整齐，为北宋时期的开封城确定了外城、内城、皇城的格局。

此地是中原要冲，四通八达之地。也是重要的水道交汇处，大禹治水时开渠沟通淮、泗，就是后来的汴渠。后来，在汉明帝时有过修浚汴渠的活动。至隋炀帝时，大治运河，通过通济渠将黄河之水引入汴口，再从东面、南面与淮水相连，并向南在江都入海。运河沟通以后，自扬、益、湘南至交（趾）、广、闽中，公

私漕运及商旅往来轴轳相接。汴梁成了沟通几大水系的运河枢纽，又由于唐代以来对江南财赋、粮食、丝织品的依赖相当严重，汴梁地位日益重要。五代以来它成为许多朝代的国都，实在是地理位置重要，不得不然啊。

显德四年（957）四月，周世宗柴荣又疏通了汴水和广济河，使山东、河北的进京物资可以走广济河，节省了大量的运输成本。显德六年（959），柴荣还嫌京城水路不畅，又调动民伕把城外的汴水凿渠引入蔡水。蔡水是连接汴水与颍水的重要通道，打通之后淮河中下游的运输船队就可溯蔡水北上京师。此后，汴梁的水道就更为畅通。

但这座帝都的缺陷却是致命的。汴梁自古是有名的"四战之地"，四面无险可恃，易攻难守。所以从地形上看，绝对不是帝王所宜居住之地，一旦根本动摇，必然导致帝王出走，政令不行，宗庙社稷难以稳固。

宋太祖作为一代枭雄，自然不能不了解这个要害，只是前代定都汴梁，已形成历史惯性，一直没有机会再来详加斟酌。他在位期间，只是从军事上考虑，根据周围地形，对外城城墙进行了改建。这次改建的效果是很明显的，因为北宋末年金兵多次以炮石轰击城墙，但并未出现问题。最后是因钦宗君臣相信神兵神将，主动裁撤守城士卒，才导致金人得手，与宋太祖所修的城墙无关。后来金朝迁都开封，凭借宋太祖所修的坚固城池，抵御了蒙古兵很长时间。

宋太祖赵匡胤之所以在开封深沟高垒，修缮城池，实在是因为定都开封有不得已的苦衷，但开封之地势，又绝非理想的帝京之地。所以，他也一度有过迁都之想。

2. 迁都之议

开宝九年（976）三月初四，宋太祖西幸洛阳，祭祀先祖。洛阳地势与开封完全不同，它北依邙山，渡过黄河可远通幽州，南据伊阙，以临江汉平原，西控潼关、崤山而与关中相连，东经汴京而邻齐鲁、江淮，形势险要，扼守古代中国地区的东西南北要冲，地理位置优越，是历来帝京之选。

洛阳是赵匡胤的出生之地，并在此度过了他的少年时代。但少年时代，心无旁骛，并未对洛阳的地理形势有所体会。此番重游，不禁感叹西洛山川的雄壮，认为这简直是天赐之便。显然，若据此险固之地立都，则可以依凭天险不繁冗兵而自固，如果能迁至长安，则会一劳永逸，是绝妙的长治久安之策，符合"王者治天下，设险以安万国"的古训。而继续定都汴梁则只能是整个国家陷入被动。只可惜，赵匡胤此论一出，却招来从驾大臣的众口一词的反对声。赵匡胤不加理会，祭祀先祖之后，也不肯起驾回汴，有造成既成事实和考验群臣之意。大臣们非常焦虑，但又无计可施。有个禁军将领铁骑右厢都指挥使李怀忠，不肯服输，冒死上谏说：东京有汴渠之利，每年都可漕运江淮几百万斛粮米，京师几十万兵马赖以生存，留在洛阳，首先这个问题就无法解决。他还说，国家府库重兵都在大梁，搬迁就会动摇根本。

为了对付这帮凡夫俗子，宋太祖甚至赌气地说要径迁长安。但这时身为皇弟的赵光义出面了。光义是赵匡胤黄袍加身的主要功臣，又担任要职，官封晋王及开封府尹，是宋朝主要的军事统帅，在朝臣中享有极高的威望与号召力。赵光义叩着头说出的这句话是：陛下，安天下者，在德不在险！赵匡胤一时无语，看来群臣包括自己的兄弟都无法理解自己。等到晋王退下后，太祖才长叹一声说：不出百年，天下民力就会因此耗尽。以太祖之英明，却作出了如此的妥协。这明显是一次灾难性的妥协，其灾难性影响无论怎么评说都不过分。靖康之耻及南宋的偏安一隅追本溯源都可归咎于此。以后各代也都有迁都之议，但都没有实行。因此，汴梁城一直直面着大宋朝最强劲的北方威胁。宋朝对一河之隔的北汉，尚不能一举拿下，不得已制订了先南后北的决策。而对辽国，不只是宋太祖时代，就是终北宋之世，也一直未能解决它造成的边患问题。辽国铁骑随时可以挥戈南下，飘忽如风，去而复来。汴京闻风则警，无法掉以轻心。所以，从赵匡胤时代起，这座无险可守的京城一直屯集着全国的精锐之师，举数十万人之力捍卫京畿，造成全国极大的财政负担，也是造成宋代冗兵现象的主要原因之一。

但宋太祖的妥协，也确实情非得已。因唐朝后期以来，国家经济重心南移，朝廷用度所需、军队给养所赖、商业物资的供给，都已离不开江南地区的供应。唐代漕运已消耗大量人力物力，显示长安已不能承受帝京之重。洛阳虽地稍接近江南，但水运条件仍然不能与开封相比。一旦成为国都，朝廷以及几十万居民的生活所需当地绝对无法满足，而漕运的困难与巨大成本，必然令人叹为观止。因此，赵匡胤只能恋恋不舍地离开洛阳，回到汴京，里面着实有太多的无奈。否则，他就不会在当年吴越王钱镠献宝犀带时说："我有三条宝带，一是汴河，一是惠民河，一是五丈河。"汴河的作用是连通大运河运输江南漕粮。而汴河之利是赵匡胤自己也无法放弃的。

当然，也有人说赵匡胤的迁都之议与赵光义反对迁都暗含着一种政治角力，双方目的都不太纯洁。赵光义在封晋王、兼开封府尹之后，已具备皇储身份，他在开封府精心培植自己的势力，已织就一张自己的权力网络，对赵匡胤形成威胁。赵匡胤对皇位继承问题发生了一定程度的动摇，想借迁都之机不露声色地瓦解弟弟已然织就这张权力网，但却功亏一篑。与此巧合并令人发生联想的是，动议迁都却又违心放弃的赵匡胤在数月后即在"烛光斧影"的迷雾中去世，皇弟赵光义即位做了皇帝。

帝国的交通枢纽及政治与商业文化中心地位，决定了汴梁的迅速兴盛。东京城物阜人丰，商业繁盛，成为北宋一代繁华的代表。北宋共历167年，是在开封建都时间最长的一个王朝。

但靖康之耻后，东京陷落，繁华不再。这种结果，印证着当年定都的失策。所以，有人把赵匡胤定都汴京当成这一切悲剧的种子。后虽在金海陵王时重新加以修缮，但与宋时的"富丽甲天下"已相去甚远。

后开封城历经战火，河患，屡废屡兴。金朝末年，开封城再遭大规模兵火，外城逐渐荒废。元朝末年，内城也残破不堪。明朝以后有过多次的修葺行动，但因政治、经济等方面的形势变化，开封城再也

清明上河图（局部）中的汴梁美景

难以恢复宋时的风采。今天的游客到开封甚至连宋时的遗迹也很难看到。因随着黄河的不断改道，宋时的东京汴梁已覆灭在厚厚泥沙之下，深深地埋藏起来了。坐落在北宋皇宫遗址上的龙亭大殿，巍峨耸立，金碧辉煌。常被一般人认为是北宋的金銮殿遗址，其实这只是清朝时在明朝周王府的"煤山"上修筑起来的高台而已。真正的北宋大殿已陷入地下七米深处。煤山的形成也有个典故。因为开封王气很重，朱元璋为破坏前朝龙脉而在金殿遗址上用铁柱深埋地下，上面用煤炭堆之（煤霉同音）。如今，在这些似是而非的景点后面，已难觅"烛光斧影"之谜的影子。

七、初步稳定政局

赵匡胤即位后，照例追封列祖列宗，尊母亲杜氏为皇太后，册立夫人王氏为皇后。另外又大赦天下，犒赏三军，尤其是立下拥戴之功的禁军将士，兑现兵变之日的承诺。对拥戴的功臣及后周元老一律加官晋爵，一般官员悉数留任。而这些安排或虚升，或实授，都富含深意。

1. 人事安排

禁军大将石守信接替韩通，担任侍卫马步军副都指挥使；昭义节度使李筠及身在外地的侍卫马步军都指挥使李重进都官升中书令，继续留守扬州、潞州，不必来朝；侍卫司的具体工作由韩令坤主持。赵匡胤原来担任的殿前都点检一职，由赵匡胤一向兄事之的慕容延钊接替。手下众谋士也因佐命之功而赏爵升官，原任归德军节度判官的刘熙古升左谏议大夫，观察判官吕馀庆升给事中、端明殿学士，摄观察推官沈义伦升户部郎中，归德节度副使张彦柔领池州刺史。

陈桥兵变中两个最重要的角色赵普和赵光义的任命最为惹人注目。其中，赵普被直接提升为右谏议大夫、枢密直学士；赵光义由原先的小小的内殿祗侯直升殿前都虞侯。其他后周时期的朝臣一律原职留任。此一时期官署机构及各种重要职位的执掌变化不大，但赵匡胤却有意将权力向自己的兄弟和亲信集中，比如，殿前司的大权多数掌握在都虞侯皇弟光义手中，首席谋士赵普进入枢密院，实际掌握枢密院事务。

就连改朝换代中效忠旧朝的老臣韩通，也以"临难不苟"名义官赠中书令，以礼厚葬。并授予韩通幼子韩守谅东都供奉官之职。此举显示出赵匡胤的政治艺术，对争取韩通旧部的归附及安抚后周旧臣都有极大作用。对于虽有拥戴之功，但奉命不谨、有违约定的王彦昇虽未严惩，但终身都未授节度使之职。另外，赵匡胤又派出使者晓谕天下，安抚人心。但做完这些，还只是行礼如仪，初步搭建起新朝的政治架构，初具新朝气象。不过赵匡胤要想使大宋朝不成为过眼烟云，还要接受那些手握重兵、心有不甘的节度使的挑战。

陈桥兵变，兵不血刃，木已成舟，身处外地的节度使更是来不及反应，但要他们表示臣服却也不是一件易事。新皇帝登基后，朝廷使者四出，但直接表示归附的只有两人。这两人一个是符太后的父亲符彦卿，他有几个女儿，两个嫁柴荣，一个嫁给了赵匡胤的弟弟赵光义。另一个是赵匡胤的老上司张永德。这两者都是特殊关系，不具代表性。

令人惊喜的是袁彦的归顺。袁彦是赵匡胤的官场死敌，曾任禁军侍卫司的步军都指挥使，时任陕州（河南陕县）节度使。为人凶悍嗜利，早有谋反之心。前去宣谕的使者是后来才成名的潘美。他单骑入陕，并与袁彦一同返京，当众向赵匡胤表示了臣服。袁彦归顺的政治意义在于给了赵匡胤一个展示宽容、不计前嫌的机会。

但大部分的节度使心存观望。朝廷使者到后，不少节度使不是忙着下拜，而是先仔细向朝廷使者打听宰相、枢密使、禁军将领和近臣的姓名，在得知朝廷一切照旧、官员一律受到优待后，才下拜臣服。而事实上赵匡胤在收服人心方面也确实灵活运用软、硬两手。除了厚赠厚葬韩通外，还对心怀不满或刻意保持距离者取宽容态度。如京官当中，开封府李昉在后周末年赵匡胤权势显赫、朝臣趋附之际，即有意保持距离。兵变之后，赵匡胤返京，他又坚持不肯入朝。但经过一番安抚手段，一般士大夫及文人出仕新朝者增多，标志着宋太祖已基本解决新旧王朝的过渡问题。

但该有的挑战总归还是要来的。

禁军虽是赵匡胤起家及经营多年的基地，但也曾发生惊险的袭击事件。初即位的赵匡胤喜欢微服出访，察验民情。一日，他正经过京城的大溪桥上，忽然从远处射来一支冷箭，射中了其座车的车盖，侍卫都后怕不已，但出身行伍、武艺高强，又身在壮年的赵匡胤竟一时性起，下车扯开自己的衣襟，大吼"叫他射，叫他射！"他还不让卫士搜捕刺客，以示宽容。不过，以后他也不再轻易外出了。侍卫们怕他会出意外，曾有人将一把内藏利刃的手杖献给他防身，宋太祖感到好笑，他说："假如我要用此物防身，天下事可知。"虽然如此，他还是未雨绸缪，比较注意对身边近侍的武术训练，以防不测发生。不过，这些还只都是一些小插曲，未对宋初政局造成冲击性影响。真正的心腹大患是那些地方节镇。

赵匡胤称帝后，拥有地方兵权的各地节度使是最不稳定的势力。首先站出来叫板的是驻守潞州（今山西长治）的昭义节度使李筠。

2. 平定潞州李筠

李筠幼年从军，以勇力著称，能开上百斤的硬弓，早在后唐时期就已是名将，自郭威建周以后就任昭义节度使，驻守西北前线，以一己之力抗衡北汉。其人性情狂傲，曾在周世宗时擅自征用国家赋税，招集天下亡命，增强自己的实力。柴荣闻讯大怒，不过因正全力征讨南唐，只是严词谴责了事。以他的老资格，不会善罢甘休也是正常的。事实果真如此。

李筠拒绝接见赵匡胤的使者，后来，虽在儿子李守节及众将士的规劝下勉强为之，但他却又一下子做出了令人瞠目结舌的举动。当着使者的面，他挂上了后周开国皇帝郭威的画像，哭泣不止。此举实际上是向赵匡胤宣战了，但他却又犹豫不敢起兵。即使北汉皇帝刘钧派人送来蜡书，与他相约起兵反宋，他仍然不敢。为了解脱，他甚至把刘钧给他的蜡书封送朝廷。为了摸清新皇帝的底牌，他派儿子出使开封，以探究竟。

但这时赵匡胤已得到李重进谋反的计划。这个真相得来的非常有趣。图谋造反的李重进非常了解李筠的为人，于是派出使者从扬州斜穿大宋整个疆土奔赴潞州约期起事。使者向与赵匡胤相善，他径直走进了了开封。宋太祖反复追问李重进是否有归顺之意，使者答以李重进终无归顺之心。这令赵匡胤也死了心，不过，他要使者回去说服李重进时机未到，延宕造反时间，为朝廷赢得主动。与北方的李筠相比，李重进的影响更大。两害相权取其轻，他决计逼李筠先反。因此就有了下面一幕。

奉父之命到达开封的李守节，刚刚见到赵匡胤，行礼如仪。

但寒暄已毕，新皇帝的第一句问话就让他丈二和尚摸不着头脑了。因为赵匡胤问的是：太子此来何为啊？李守节惊恐不已，忙不迭地辩解，表忠心。但赵匡胤却自顾自地说个不停。他说：回去报告你父亲，我未为天子之时，你尽可自为之；我现在既为天子，他就不能让我一让吗？之后，赵匡胤放李守节回家让他给其父李筠传话，实际上是要彻底逼反李筠。

建隆元年（960）四月，昭义节度使节李筠正式起兵。理由是"忠于周室，不敢受死而臣宋"。李筠宣布檄文，谴责赵匡胤的忘恩负义，欺负可怜的孤儿寡母，用卑鄙的手段篡夺后周的江山社稷。又讥讽赵匡胤出身卑微，没有资格做皇帝。言语犀利、恶毒，希望激起普天下的同情之心，登高一呼，天下响应。

李筠的第二步是将赵匡胤派去的监军绑送北汉刘钧，让对方相信他的诚意，从而结成战略伙伴关系。李筠的第三步是秘密派出使者远赴陕西，试图与蠢蠢欲动的后蜀孟昶结盟，但信使却不幸被宋军边防哨卡给查获，计划告吹。

由此看来，李筠起兵，并无多少优势可言。就天时、地利、人和三项来说，唯有地利一项是过硬的条件。

潞州，古称上党，位于太行山之上，有"居天下之脊，当河朔咽喉"的地利，从来就是兵家必争之地。他的谋士闾丘仲卿据此给出的上策是：开封兵甲精锐，难与争锋，不如下太行，直抵怀（今河南沁阳）、孟（今河南孟州），塞虎牢关（今河南荥阳西北）之路，据守洛阳，取东向而争天下之势。

但李筠却自认是周朝宿将，与周世宗义同兄弟，禁军将士都曾是自己的旧人。自己一旦起兵，定会倒戈归附！这种估计显然与事实有很大距离，以五代时政坛转换的规矩，此时恐怕周世宗重生，禁军将士也未必就会一呼百应。

一味自大的他还自认"吾有儋珪枪、拨汗马，何忧天下不平哉！"儋珪枪并不是李筠自己的宝物，而是他手下一善使长枪的爱将。拨汗马则是一匹能日行七百里、非常接近马中赤兔的骏马。

与后周的世仇北汉结盟之后，李筠在四月公然反宋。他留下儿子镇守潞州，自己首先统兵夺取了潞州之西的泽州（今山西晋城），完全控制了太行天险。其后，他只要居高临下，就可以迅速占领黄河上游，控制沿岸的永丰、回洛、河阳等重要的屯粮之地，并可随时切断东京的漕运水道。这可是赵匡胤与其新王朝的命门，不得不防。深懂韬略的赵匡胤迅速命令驻兵河北的侍卫马步军副都指挥使石守信与殿前副都点检高怀德率兵讨逆，分道迎击。命令他们不可让李筠冲下太行山，要迅速进军扼住险要，彻底击败李筠叛军。

但不久又传来北汉皇帝刘钧亲自统兵离开太原援助李筠的消息。一旦双方牵手太行，必令宋军陷入被动。赵匡胤很快决定自己要御驾亲征，大军直扑太行山。

北汉出兵的消息传到前线，攻下泽州城的李筠遂就地等候。刘钧来到泽州，要求李筠以臣子礼相见，李筠接受了此条件，还接受了北汉主刘钧西平王的册封。但衰弱的北汉主并没有带来多少援军，只带来几千军容不整的士卒。

就在此时，石守信及高怀德麾军赶到，双方一接战，潞州叛军即被消灭三千人，泽州外围的重要据点大会寨也被宋军拿下。李筠首战不利，而宋军慕容延钊、及彰德军留后王全斌部都在向泽州靠拢，陕西、京西（开封以西）诸道兵马也已完成集结。宋军军力不仅可以进攻泽州，就连叛军老巢潞州也进入威慑范围。

更可怕的是，皇帝率领京城禁军已经迅速渡过黄河，冲上了险峻的太行山。

太行山道路险峻多石，赵匡胤就捡了一些石块载在马背，将士无不感动，争相捡取石块，当天就把崎岖难行的山道变成了一条平坦的大道。军队以迅雷不及掩耳之势翻越巍巍太行山，神兵天降般地出现在泽州城下，大大出乎叛军意料。刚刚建国的赵匡胤敢于离开京都，劳师远征，一方面提振了宋军士气，另一方面也令叛军极为沮丧。

双方主力在泽州城外短兵相接，如狼似虎的禁军士兵完胜三万潞州军，北汉援军几乎被全歼。

李筠狼狈逃回泽州城，已经失去进攻能力，只得收缩战线，困守泽州。

泽州城池坚固，宋军围困半月之久，也不能破城。此种局势对赵匡胤极其不力，因为禁军主要兵力均已出动，京畿空虚。各地怀有二心的节度使尤其是扬州的李重进，都在蠢蠢欲动。宋军必须不惜代价拿下泽州城，否则局势或许生变。

关键时刻，禁军的里亲信将领控鹤左厢都指挥使马全义率敢死之士冒着城墙上射下的箭雨仰攻城头，即使飞矢贯臂也不肯后退。在城池将破未破之际，赵匡胤一跃而起，跟着敢死队员冲了上去，宋军一举攻上了泽州城头。

泽州城攻破后，李筠投火而死。宋军意外俘虏了前来协调北汉监军卢赞与李筠关系的北汉宰相卫融。赵匡胤听说卫融是赞成刘钧与李筠联手抗宋的人，即质问卫融，但卫融不肯妥协，气得赵匡胤用铁棍击打他的头部，而卫融仍至死不屈。恼怒之后的赵匡胤忽然觉悟到像卫融这样的人才是忠臣，所以就给他敷药治伤，并赏太府卿。

皇帝赵匡胤优遇卫融的消息，立刻轰动了全国，守卫潞州的李筠之子李守节放弃抵抗，出城投降。赵匡胤赦免了他的叛逆之罪，并封他为单州团练使。另外，因为当地受战火破坏严重，就下诏免掉了参加叛乱的潞州、泽州百姓当年的租赋。赵匡胤此举是典型的以德报怨，完全征服了当地百姓的心灵，出现万民来归的热络景象。

七月，赵匡胤调来义社兄弟李继勋任昭义军节度使，镇守泽州、潞州一带，防备北汉的入侵，自己班师回到开封。

赵匡胤以一次漂亮的亲征打败了昔日同僚的第一次反抗。

另一个心有不甘的是扬州守将李重进。

3. 平定扬州李重进

身为郭威的外甥，他当年就是有资格当皇帝的人选。周太祖郭威死时，因他年长于柴荣，被任为顾命大臣，辅佐柴荣，确定了两人之间的君臣名分。但他对柴荣即位既心存芥蒂，年纪资历尚浅的赵匡胤篡夺后周皇位更令他不满。

话虽如此，他还是小心应付。赵匡胤的使者到后，他痛快地接了旨，并主动向新皇上请示，是否可以依惯例到开封觐见皇上，当面谢恩。李重进是前朝重臣，又是最强的外藩，他的臣服让赵匡胤大大地松了一口气。但他回复李重进的公文则官样文章十足："君主元首，臣僚股肱，相隔虽远，同为一体。君臣名分，恒久不变，朝觐之仪，岂在一时？"辞义恳切，但却十分坚决地拒绝了他入朝的请求。李重进知道自己身为世宗近臣，已难获新朝信任，即着手偷偷招纳亡命徒，深沟高垒，准备起兵反宋。

了解到李筠有不臣之心，李重进即派亲吏翟守珣前往联络。但不料翟守珣先拐到开封，见了赵匡胤。赵匡胤从翟守珣处了解他李重进终无臣服之心，便安排他回去延宕李重进暂缓发兵，以免两人南北呼应。翟守珣回去依计办理，李重进竟然信以为真，虽然不断秣马厉兵，但却错失了联手起事的机会，使有利时机稍纵即逝。

七月份，在仅用一个月的时间平定李筠之叛后，凯旋归来的赵匡胤立刻着手解决李重进的问题。他下诏徙中书令、淮南节度使李重进为平卢节度使，移镇青州（今山东青州），并要求克日即行，不得有误。节度使移镇，历来被认为是凶多吉少之举。正当李重进困惑之时，赵匡胤又派使者给李重进颁发铁券誓书，表面上是向他表示信任，实际上却是表示自己的仁至义尽，推脱责任，好使自己师出有名。李重进被大灌迷魂药，完全丧失了警惕，一度想治装入朝，当面向赵匡胤谢恩，但被左右劝住，才拘留了宋使，修城练兵，并派使者赴南唐求援，要求出兵助战。南唐主李璟在柴荣三征江南过程中已经丧胆，加上并不看好李重进，怕将国家牵入战争，所以很快派人将李重进的密信送到了开封。

李重进又担心手下将官不肯附己，疑神疑鬼。扬州都监、右屯卫将军安友规无法忍受，趁夜率亲信逃回开封告急。李重进更加猜疑，逮捕了几十个平时就不肯归附自己的军校数十人，并在军校们的哀告声中，将一干人物悉数滥杀。扬州城中士卒，人人自危。

李重进的所作所为，完全是自取灭亡。对此，赵匡胤犹如隔岸观火。他十分赞成赵普的分析：李重进依仗江淮天险，缮修孤堡，尽采守势，不足为虑。其人既无恩信，又伤害士卒，外无援兵，内无资粮。此种情形，急攻急取，缓攻缓取，灭亡是早晚的事。既如此，赵匡胤决定缓取，希望以最小的代价，平定李重进的反叛势力。九月，山西的李筠已经完败。赵匡胤于是下诏剥夺李重进所有官职爵位。李重进在扬州起兵。十月二十一日，赵匡胤再次下诏亲征。但此时，李重进已经众叛亲离，甚至组织不起有效的抵抗。十一月十一日，赵匡胤驾临扬州城下不久，城池即告陷落。李重进全家合门自焚而死。

进入扬州后，赵匡胤恩威并施，迅速稳定了扬州的局势。不肯附逆、逃出城的扬州都监安友规被任命为滁州刺史；将阴效诚款，向自己揭露李重进勾结李筠的阴谋，并劝说其"养威持重，不可轻发"的翟守珣授官殿直；对参与造反的李重进死党一律处死，兄弟解州刺史李重赞、其子尚食使李延福也斩首示众；赦免李重进一般亲族、部属之罪，逃亡者许允许自首免罪；同时，赈济扬州城百姓。

二李的失败，其实并不奇怪。首先，就时机来说，他们不在赵匡胤禅代之际起兵，即已经失去道义上的良机，而举旗于局面安定之后，已是纯属谋反。而两人之昧于大势，实有异曲同工之妙，失败也就是必然了。尤其是李重进，先不能与李筠互相支援，又无识人之明，且处处举措失当，其失败最无疑异。

赵匡胤各个击破，将打着为后周复仇旗号的两个最桀骜不驯的节度使李筠和李重进镇压了下去。擒贼擒王，此举震慑了以二李的成败为进退的其他藩镇，初步巩固了自己的帝位，坐稳了江山，完成了宋代周的最后一步。

但赵匡胤还要面对两个迫切要求解决的问题：结束自唐末以来形成的分裂局面，统一全国。以及消除武将暴动政变的隐患，维持政治的稳定。在他17年的统治期间，解决这两个问题始终是他全部政策的核心。

4. 统一规划

唐朝自安史之乱后，藩镇割据盛行，中央政府仅能维持表面上的统一。延至五代，改朝易代频仍，社会动乱，人民要求统一的呼声高涨。这也是后周郭威及柴荣两代皇帝坚持不懈致力统一的原因，但两人均壮志未酬。所以，代周而起的宋朝控制版图有限，仅涵盖传统中国的主体部分，大致据有今河南、山东全部及河北大部、山西南部、陕西大部、甘肃一部及江苏、安徽、湖北等省的江北地区。这样的领土规模，虽然比南方的小国及割据山西的北汉要强，但是远小于北方的契丹。当时，南方诸国中实力最强的后蜀与南唐也抱有饮马中原、争霸天下的想法。他们常常暗通信息，互相联络，抗衡宋朝。对比各方的实力，宋朝与南方各国相比还是有一定优势，完成统一的首选应在南方。这也是周世宗柴荣曾走过的统一之路。

而在北方，北汉政权与后周是死敌。契丹人对中原一带的富庶更是念念不忘。而且，自后晋石敬瑭割让燕、云十六州后，中原门户洞开，契丹骑兵随时能进窥中原。以契丹的版图之大与军力之强，必将成为宋朝长期的敌人。而以周世宗北伐的实践来看，要立马与契丹硬碰硬还时机未到。赵匡胤权衡能够对新生的宋朝的生存、安定及国防安全形成威胁的几股势力，最终还是选择了先易后难，先南后北的统一策略。

建隆元年（960）十一月，戡平李重进的宋军屯聚扬州，无所事事。宋太祖赵匡胤下令把民间能找到的船全部放入水中，让柴荣当年操练的水军恢复了操练。这些动作反映出赵匡胤的统一欲望十分强烈，同时也给了偏安于浩荡的江水对面的南唐政权极大的震慑。国主李璟迅速地派人过江，不是单纯为送大量的犒军物资，也是为了一探宋人的口风。

被派到江北宋营的南唐使者是南唐左仆射严续、皇子蒋国公李从鉴及户部尚书冯延鲁。

双方一见面，赵匡胤就问道："你们国主为什么和我的叛臣私通啊？"此话充满了挑衅的味道。严续、李从鉴一时语塞，户部尚书冯延鲁却面不改色地说："陛下您只知道他们私下里交往，并不知我们也曾参与谋反之事。"赵匡胤一听即怒不可遏，但冯延鲁从容解释说："当初李重进派过来的使者就住在我家中，我们国主之言即是通过我传达的。国主对李重进说：造反可以理解，潞州李筠造反时就是极佳的时机，此时你已失去机会。南唐即便有兵有粮，也不敢帮你。李重进就是这样，因没有得到南唐的配合，才失败的。我们南唐何错之有？"赵匡胤无计可施，怒吼说："就算如此，可是诸将都劝我乘胜过江，夺取江南，你们觉得怎样呢？"冯延鲁继续回答说："李重进号称无敌英雄，但是在您面前也不堪一击，何况我们南唐。不过，南唐的先主也给我们留下了数万精兵，如果您肯舍得他们与有关将士血战，那就没有什么好说的了。不过，长江天堑，波高浪急，万一闪失，您可以想见其结果。"

这次谈话，显然话不投机。赵匡胤清醒地意识到，拿下南唐仍非探囊取物，尚需等待。统一大业不能急在一时，当务之急还是处理内政问题，尤其是骄兵悍将与藩镇割据问题。通过内罢禁军宿将的兵权，外罢拥兵自重的藩镇，他完成了此项浩大工程。而其中以杯酒释兵权最具举重若轻及戏剧性的效果。

八、杯酒释兵权

五代军阀杀戮族夷，朝代更迭犹如走马灯。此种状况自郭威、柴荣起就想有所改变，但未及根治。陈桥兵变后赵匡胤称帝，知道自己的这个位子是怎么来的，所以他对身边那些手握重兵的武将阴怀忌心。皇位自己能取，谁敢保证他手下那些人就不敢再玩一次黄袍加身呢？显然这是一个急需赵匡胤解决的问题。

1. 罢宿卫

五代后期起，影响皇位稳固及政局稳定的危险势力已不是割据一方的藩镇诸侯，而是统帅中央禁军的宿将。郭威及赵匡胤自己就是以禁军主将身份黄袍加身的，所以他对在他身后统领禁军的各位宿将最放心不下。前面我们已经提到，他在代周不久就对其人事任免做出重大调整。比如，表面上韩令坤和慕容延钊是侍卫司与殿前司的最高指挥官，但由于两人均年长于他，且素著威望，所以他有意让两人出防外地，难有作为。而由石守信和高怀德任副职。石守信是他的义社十兄弟之一，高怀德是拥戴功臣并在当年成为他的妹夫，所以两人都是赵匡胤的心腹亲信。赵匡胤还将另一个义社兄弟王审琦提升为殿前都指挥使，以皇弟光义出任殿前都虞侯。这样，中央禁军当中只有侍卫马军都指挥使张光翰、步军都指挥使赵彦辉与赵匡胤关系尚稍嫌疏远。通过这样双重的布置，使中央禁军侍卫司与殿前司的大权牢牢掌握在自己最亲信的人手中。

时间不出数月，到建隆元年岁末，赵匡胤又用另一个义社兄弟韩重赟和心腹爱将罗彦瑰置换了张光翰及步军都指挥使赵彦辉两人。但他对位尊权重的韩令坤和慕容延钊始终不肯释怀，就在第二年春趁慕容延钊、韩令坤入朝之际，罢去两人统领禁军的兵权，令慕容延钊出任山南东道节度使，韩令坤出任成德节度使，用亲信、义社兄弟石守信接任侍卫马步军都指挥使。从此，禁军高级将领都由他的资望甚浅的亲信将领担任。并不再设位尊权重的、自己曾担任过的殿前都点检之职，以防"点检做天子"的旧说再引起不必要的联想，导致社会的混乱。

2. 杯酒神功，四两千斤

赵匡胤处心积虑地以自己的亲信替换了旧的禁军宿将，自认为已万事大吉。但深谋远虑的谋士赵普却仍不以为然，认为"隐忧"仍在，坚持认为石守信、王审琦等人兵权太重，不可令他们统兵。赵匡胤对赵普说："他们肯定不会背叛我的，爱卿何必那么担忧呢？"赵普虽然不否认这一点，但他还考虑到提防骄兵悍卒的问题："我倒不是担心他们自己反叛，只怕他们不能驭下，万一军伍中有作孽者，到那时他们也会身不由己。"赵普以陈桥兵变的事警诫赵匡胤，赵匡胤豁然惊醒。

由于石守信等禁军将领都有拥戴之功，赵匡胤不好无故下令罢免，所以采用了戏剧性的"杯酒释兵权"的形式，解除了石守信等人的兵权。这是宋史上与陈桥兵变齐名的传奇事件。

约在建隆二年（961）六月，宋太祖赵匡胤在宫中设宴招待石守信、王审琦、高怀德等禁军将领，酒酣之后，屏退左右，他乘醉说道："我要是没有各位之力就到不了今天的地位，所以对各位的感激，没有穷尽之时。但天子不是好做的，完全没有做节度使时的快乐。不瞒你们说，这一年来我常常整夜都不能安眠。"石守信等人不明所以，问："这是什么缘故呢？"赵匡胤说："这不难理解。皇帝这个位子，谁不想坐啊？"此言一出，吓得石守信等人忙叩头辩解："皇帝陛下何出此言？现在天命已定，谁还敢再有异心！"赵匡胤说："这么说不对。你们虽然没有异心，但是你们手下贪图富贵之人，一旦将黄袍披在你们身上，到时你们虽然不想干，恐怕也不行了。"石守信等人被吓坏了，急忙不停地叩头，涕泪交流地向赵匡胤请求解救之法。赵匡胤于是说道："人生在世，迅疾就如白驹过隙。所谓追求富贵，不过就是多攒一些金钱，好好享乐，也不让子孙陷入贫困。你们都是聪明人，何必贪恋权势，不如交出兵权，出守大藩，挑选好的田宅买下，为子孙置下点家业。另外，去多买些歌儿舞女，饮酒作乐，颐养天年，安享富贵。然后，我与你们结为婚姻，君臣之间两不相猜，你不负朕，朕必不负你。上下相安，不是很好吗？"

这些禁军高官至此才明白，原来自己的皇帝大哥早就得了心病，而且病得不轻。这个倡议作为一个邀约，实际上是不能拒绝的。因此第二天，参加宴会的各位禁军将领不约而同地称病辞职。

赵匡胤很高兴，一律允准，解除了各人的禁军官职。七月，另命他们出镇地方，以殿前副都点检、忠武军节度使高怀德为归德军节度使，殿前都指挥使、义成军节度使王审琦为忠正军节度使，侍卫马步军都虞侯、镇安节度使张令铎为镇宁军节度使。唯侍卫马步军都指挥使、归德节度使石守信出为天平军节度使，仍保留了禁军职务，这是唯一的例外，但已无兵权。殿前副都点检一职则不再授人，有人形象地说这是把禁军第一官职收入了宋朝历史博物馆。一年后，石守信请免军职。此后，侍卫亲军马步军都指挥使一职也不再委任，禁军宿将问题彻底解决。

之后，赵匡胤又以相似手法剥夺了王彦超等节度使的兵权，统一了军权。

这就是宋史上有名的杯酒释兵权。虽然，此事的记载多出自有关的野史及笔记，各种正史并无确定的记载，但因十分符合赵匡胤的宽容个性与宋朝皇帝驭人之策，仍广为流传。

赵匡胤也没有食言。为了履行与亲信们约为亲家的承诺，他把两个女儿分别许配给石守信和王审琦的儿子。又让弟弟娶了张令铎的女儿。这一桩桩政治联姻，消弭了禁军将领的离心倾向，使君臣为了共保富贵，而成为一个利益共同体。

但次年，赵匡胤不知怎么又要安排有勇有谋、素有威望的老将符彦卿掌管禁军，赵普坚持不可，认为符彦卿名位已盛，不能再委以兵权，恳请太祖"深思利害，勿复悔"。赵匡胤反问赵普说："你对彦卿这么不信任，究竟是为什么呢？朕对待彦卿优厚，彦卿怎会辜负朕呢？"赵普回答说："陛下怎么能够辜负周世宗呢？"赵匡胤听了此话，默言不语，事情才告中止。

九、三大纲领，撤罢方镇

方镇问题自安史之乱爆发，是造成中唐以后及五代时期政局动荡、干戈不止的主要原因。由来之久，为祸之烈，为人所共见。宋太祖深深为此忧心。杯酒释兵权的直接原因是受到他与大臣赵普之间对话的启发。当时，赵匡胤问赵普："天下自唐末以来，帝王换了十姓，兵戈不息，苍生涂炭。我想息天下之兵，让天下长治久安，应该怎么做呢？"赵普回答说："陛下能问到这事，真是天地神人的福气啊！这其中并没有什么了不起的原因，不过就是方镇太重、君弱臣强而已。治理的方法，也没有什么奇巧之法，只要剥夺其权，制其钱谷，收其精兵，天下自然安定。"赵匡胤立时如醍醐灌顶，不待赵普把话说完，他已明白自己应采取的措施了。

从这段著名的君臣对话中，可以看出赵普表面上只是针对方镇问题有感而发，实际上却是深思熟虑的结果，三招招招见血。而赵匡胤则从善如流，坚决地扮演了终结者的角色。

杯酒释兵权后，他主要的精力都用在方镇问题的处理上。

藩镇所以为祸地方，对抗中央，皆在于其控制属地人民、土地，自由支配财赋，拥有效忠于他的强大军队，从而能坐大犯上，作威作福。要想使藩镇俯首帖耳，就要釜底抽薪，把这些权力统统收归天子。

1. 削夺其权

赵匡胤首先从削夺其权开始，措施有三。

一是收回司法权。五代以来藩镇跋扈，往往枉法杀人，都是因为他拥有此项权力。建隆元年（960）十月，赵匡胤下令把原由方镇牙校担任的、负责审案判狱的诸州马步判官，改由中央吏部选派文士担任。建隆三年（963），又下令各州死刑必须由刑部审复。这就完全剥夺了方镇对官民生杀予夺的权力，大杀了其威风。同年，他又采纳赵普的建议，恢复了前代县尉的设置，取代由方镇亲随担任的镇将，负责一县的司法治安事务。开宝六年（973），又派出科举出身的文官，改变方镇用牙校审断州府刑狱的陋习，收回了方镇对一般州、府刑狱的审判权。

二是罢领支郡。中唐以后，各地节度使统辖若干州郡，其所兼领的驻地以外的州郡称"支郡"。此举始于乾德元年（963），当时赵匡胤下令在新收复的两湖地区取消支郡，让各州直属京师。中央派遣文官担任这些支郡的知州、知县长官，三年一任。直接向朝廷奏事，不再听命于藩镇。这项措施防止了新归附地区形成新的方镇。其后，又将西北及川陕一带的州县划归中央直接管辖，并推广到新统一的南方地区。宋太宗太平兴国二年（977）以后，各州都直属中央，全国三十多名节度使均不领支郡。此举大大削弱了藩镇的地盘与权力。

三是添置通判。此举始于太祖建隆四年（963），当时赵匡胤在新平定的荆湖地区取消支郡，设立直隶州，但在知州之外，又向诸州派遣通判，由京官担任。通判的设置最初主要是削夺罢领支郡以后兼知军州的藩镇的权力。它的地位与职掌都比较特殊，既非知州的副贰，也非其属官。可直接向皇帝奏事，也有权与知州共同处理政务。其后，通判的设置推广到全国。在一些业务繁杂的州、府，有时还设左右双通判。开宝四年（973）以后，通判的职责被定为掌管一州财政，并负责监督知州之职。此举大大限制了知州、知府的权力，也让各地的通判们不免恃权骄纵，动辄声称："我是监郡，朝廷命我监督你！"经常发生通判与知州、知府争权的事情。宋太祖特地下诏知州要与通判协调，所有文书必须由两者共同签署才能生效。

受制于通判使知州们大不自在。杭州人钱昆嗜蟹，有人问他愿去何州为官，他说只要有蟹无通判的地方就行。可见，通判对知州权力分割及掣肘的程度。其不受知州欢迎则顺理成章了。

从乾德二年（964）起，宋太祖还严格禁止节度使自己招募谋士。不久以后，又下令节度使掌书记不得任用初任官职之人，规定任职者必须是经历两任且有文学才能之士，人选由朝廷选派。以此借口，中央政府又收回了节度使自由任人的予夺之权。

2. 制其钱谷

"制其钱谷"始于建隆三年（962）初，至乾德二年（964）赵普拜相以后，开始大规模收夺方镇财权。概括起来，共有四条凌厉措施：

一、唐中期以后，方镇将大部分地方财富，截留自用，名曰"留使"、"留州"。只拿出一小部分用于供奉中央或贿赂朝官。五代以来也莫不如此。钱谷是方镇的命脉，所以赵匡胤自乾德年间起就屡下政令，规定各州所收赋税收入，除地方最必要的开支外，全部输送京师，不得占留。废除相沿多年的"留使"、"留州"陋规，使方镇丧失独立的经济能力，养兵自重的本钱不复存在，无疑是釜底抽薪的致命之举。

二、从乾德三年（965）起，赵匡胤在淮南路设置转运使，主管一路财政税收和水陆转运，从而把地方的财赋税收之权完全收归中央，既保证向朝廷足额上供，也保证地方州郡有充足开支。这个机构别称漕司，不久就推广到诸道。作为朝廷外派的使臣，权力越来越大，以后开始兼管刑法和民事。开宝五年（972），李符出任京西南面转运使，经常把赵匡胤亲赐的八个大字"李符到处似朕亲行"书于大旗上，完全是一幅钦差大臣的模样。

三、废止节度使管理场务税课的权力。唐末五代以来，节度使任用亲信牙校管理关市、税收，没有章法，任意诛求，其结果当然是增加了方镇的财源，但是也阻碍了商贸活动的畅通，不利经济的发展。赵匡胤的解决之道是派出京官监临各处场务，制定相关制度，整齐文簿，税收直接上交朝廷。《宋史·食货志》对此的评价是："于是外权始削，而利归公上。"商业中的茶、矾、盐、酒税，多数上交中央，仓库盈溢，朝廷收入大增，藩镇收入则明显缩水。

四、五代藩镇主帅常常派出亲吏赴各地进行长途贩卖，因沿途免征商税，所以获利很高。宋初相沿不改。宋太宗继承兄长削权的思路，于太平兴国二年（977）颁布内外臣僚不得"回图贩易"，切断了藩镇经商获利的特权，进一步削弱了藩镇的经济实力。

3. 收其精兵

赵匡胤在奉周世宗命整肃禁军时，就曾以抽调方镇精锐的办法来充实禁军。乾德三年（965），他命令包括各藩镇在内的地方长吏挑选骁勇精兵补充中央禁军部队的缺额。为了保证质量，他挑选了勇健士卒作兵样，叫各地依样募兵。以后又以木梃为高下之等，发布到诸州，要求挑选符合标准的合格士兵。此举就像抽水机一样，把各地方镇的精锐士卒，尽数征入中央禁军，使方镇军无力与宋朝中央禁军抗衡。大史学家司马光曾评论说：选练禁军后，"各地方镇都自知兵力远不是京师的敌手，谁也不敢再有异心"。也就是说，镇兵力量远比禁军薄弱，根本没有割据反抗的可能。各处边疆要地，都由禁军分番屯戍，不让他们长期驻留一地。且禁军家属都在京师，也很少敢起谋逆之心。这也就从根本上切断了藩镇势力军阀割据的源头。有宋一代，再无藩镇之患。

4. 撤罢方镇

宋初，后周以来分封的拥有地方兵马的异姓王和带相印的方镇不下数十人。对此群体，赵匡胤在乾德元年（963）以后，采用赵普的建议，不断削弱其实力。有的是借故调迁，使其离开盘根错节的老根据地；有的让他们遥领他职，削弱其本职；有的趁其死亡任命文臣知州代替，不许子孙袭职；节度使则逐渐演变成虚衔。为了提高知州的地位，其职务往往是由带着中枢职衔的京官权知。乾德元年，风翔节度使王景死，接替他的高防就是以枢密直学士的身份权知州事的。

开宝二年（969）初，天雄军节度使符彦卿、天平军节度使石

守信、归德军节度使高怀德、镇宁军节度使张令铎、忠正军节度使王审琦、灵武节度使冯继业等12位节度使晋京朝见天子，赵匡胤趁机以讨伐北汉需要与治理地方不力的名义，对部分节度使进行了大换班，空出的方镇如潞州、大名府、灵州等都以文臣权知。十月，赵匡胤再施"杯酒释兵权"的绝技，不烦刀兵，一举罢免了数名节度使。这些人中包括武行德、王彦超、白重赞、杨延璋、郭从义等人，都是从后周起就身任节度使的重要节镇。他们资历很深，又无直接对抗新朝的言行，因此宋太祖一直对他们隐忍不发。但随着天下安定局面的到来，赵匡胤对他们坐拥军政重权已无法忍受。他在皇宫后苑宴请他们，席间对他们说："你们都是国家的宿将旧臣，久临大镇，公务繁剧，不是朝廷优礼贤能的本意。"风翔节度使王彦超在五代时曾拒绝了走投无路的赵匡胤的投靠，仅赠送了有限的金钱。现在进京朝见，虽然赵匡胤表示不追究，但心中却一直忐忑不安，此时听出赵匡胤的言外之意，即第一个站起来要求告老还乡。武行德等人误认为赵匡胤要叙功行封，便借着皇帝的话头，吹嘘自己的战功。哪知赵匡胤态度突然冷淡，说："那都是前代事了，有何可道！"次日，这些勋臣都被任命了些太子太傅、右金吾卫将军的虚衔，解除了各自担任的节度使的实职。

这第二幕杯酒释兵权的戏剧性，丝毫也不逊色于第一次。戏文中经常出现的唱词，可谓描摹尽了这些老兵的心理：漫揾英雄泪，揖别帝王家。想当年金戈铁马称雄壮，不过是胡乱厮杀。攒家一把刀，今天刀放下，赤条条来去无牵挂，且莫道种豆反得瓜。虽然不免落寞，但毕竟保得富贵，所以有人把赵匡胤以此等手段解除昔日结义兄弟或方镇兵权的做法称为"赎买"。虽然有些强买的味道，但比起朱元璋的大杀功臣来毕竟仁义得多了。

赵匡胤还借机摧抑这些老臣的信心和锐气。护国节度使郭从义善于击球，赵匡胤特意命他在殿廷上表演。郭从义受宠若惊，即易衣跨驴，纵横驰骋，四处周旋，曲尽其妙。表演完毕，本以为会得到皇帝嘉奖，但赵匡胤却对他说此非将相所该从事的活动。郭从义被"摧颓若此"，令他大失面子，十分羞愧，再也不敢恃功骄纵。

而朝臣中不明就里的还不只郭从义一人。如赵匡胤撤罢方镇之后，就用文臣代替。宰相范质就反对，认为这七八处大藩镇，都是要害之处，不安排主帅，反而只任用些"权轻力小"的文人，失之于懦弱。殊不知，这正是赵匡胤及以后的宋朝诸位"官家"所处心积虑的。开宝五年，他对宰相赵普说："五代时方镇残虐，百姓深受其害。朕今天选用儒人分治大藩，可除其害。即使他们都去贪污，造成的危害也赶不上一个武将。"可见，他对削藩任儒的效果，是很沾沾自喜的。至宋太宗即位后，也曾一次罢免了石守信、张永德等七节度。

削夺其权、制其钱谷、收其精兵之后，方镇权力削弱，地位降低，基本失去与朝廷对抗的能力，节度使一职已完全无复往日风光。以文官知州相代的工作也就易如反掌。在藩镇中扬文抑武奏效之后，赵匡胤还在军中安插任用文臣，太宗时允许文臣有武略者许换武秩，用文统武。甚至发展到用宦官领兵或监军，将对军队的控制发挥到极致。但有利必有弊，从此北宋军队的战斗力低下就成为常态。

对于赵匡胤的三大改革，用南宋的大圣人朱熹的话来说就是："兵也收了，财也收了，赏罚刑政一切收了。"如此一来。方镇问题终归解决。

十、猜防之术

宋太祖赵匡胤成功矫正唐末五代以来方镇割据，武夫跋扈，士卒骄纵的弊端，并试图巩固其来之不易的成果。他整个政策的起点与核心可以概括为猜防之术。这一套不仅用在上述方面，对宰相及文武百官实行的官、职、差遣分离的制度，其用意也无不如此。

1. 驭将之道

赵匡胤鉴于五代以来武将犯上作乱频仍，驭将之严自不待言。但这还不够，他还结合自身情况，深入挖掘，将整顿的矛头对准了亲兵。

他因此下诏，将领不能畜养亲兵，无论级别、地位如何，如有违犯，一律斩首。

大将张琼原是赵匡胤的亲兵，有勇力，善骑射。后周显德五年，赵匡胤随周世宗攻淮南，在进攻十八里滩砦时，被南唐战舰围困，有个南唐军校披甲持盾，鼓噪而来，周军无人敢挡。赵匡胤命张琼射箭，把这个危险的人物射死。攻打寿州时，赵匡胤乘坐皮筏突入护城河攻城。守军发箭阻挡，一支车弩发射出的粗如手臂的弩箭射向赵匡胤，旁边的张琼一下子扑到赵匡胤身上，救了他一命。弩箭射中了张琼的大腿，立刻昏死过去。赵匡胤见情况危急，忙领兵退回。张琼醒来，见箭头卡在骨中无法拔出，就喝了一大碗酒，然后叫人给破骨取出。鲜血流了数斗，而张琼神色不变。如此勇猛，又有救主之功，所以赵匡胤即位后对他委以重职，典领殿前禁军，又擢升他任内外马步军都头、领爱州刺史。宋太祖"杯酒释兵权"后，皇弟赵光义也被免去了殿前都虞侯的军职。他认为殿前司将士有上万人，都如狼似虎，除了张琼别人无法统领。于是赵匡胤就任命张琼为殿前都虞侯，又迁嘉州防御使。张琼能被赵匡胤信任，还因为性情粗暴，没有心机。但他对张琼的猜防也不稍少。

当时，赵匡胤在地方及军中都安插"探事"人。这些人依仗天子威势作威作福，甚至构陷大臣。朝中对此议论纷纷，但赵匡胤却以周世宗也曾这样做过辩解。直到赵普反驳说："周世宗虽然这样做，但陛下还不是照样取得天下？"以后赵匡胤召回了地方上的"探事"人，但京中未变。殿前司军校史珪、石汉卿是赵匡胤最信任的两个"探事"人，照样胡乱打些小报告，甚至捏造事实。一般将领都不敢招惹他们，而张琼自认为与天子关系特殊，对史、石二人常加羞辱，两人恼羞成怒，一直寻机报复。

乾德元年（963）八月，史、石二人向赵匡胤告发张琼，除了擅自使用官马为乘骑、任用叛臣李筠的仆从外，主要就是诬告张琼私养部曲百人。殿前司是护卫京城的主要力量，地位极其重要。现在张琼竟敢违反自己三令五申的禁令，宋太祖勃然大怒，即刻下令张琼入宫，亲自审问。张琼当然不肯承认这种事情，又脾气暴躁，赵匡胤喝令左右杖责，在旁的石汉卿竟用铁杖乱打张琼头部，张琼被打昏，押入御史府大牢。后张琼醒来，知天子已有必杀之心，就将自己官服上的腰带解下托人交给母亲。御史府果然问成死罪，张琼就被赐死。后来赵匡胤得知张琼家无余财，更无部曲，只有家仆三人，知道自己冤杀了好人。就对张琼家人进行抚恤安慰，但仍然信任史、石二人，并没有给予任何处分。有人猜测，告密本身即可能受到天子暗示，只不过被两人利用公报私仇罢了。

开国元勋、贵为"三帅"之一的殿前都指挥使、义社兄弟韩重赟，被人告发拥有亲兵，如果不是宰相赵普出手相救，也会被杀。

韩重赟以武勇知名。后成为赵匡胤"义社"十兄弟之一。赵匡胤登基后，因在陈桥兵变中立下大功，他被升任龙捷左厢都指挥使、领永州防御使。当年，韩重赟又被任为侍卫马军都指挥使，领宁江军节度使。杯酒释兵权后，又转任最重要的殿前都指挥使、领义成军节度使。不过，韩重赟虽然担任殿前都指挥使的要职，但却不掌军机，做的事务很多都是工程劳役。就是这样，因为有人诬告他选军中壮士做自己的心腹亲兵，赵匡胤就要立刻杀他。赵普说：殿前亲兵，陛下一定不能自带。如果听信谗言就杀死大将，人人害怕，谁还会来为陛下统领禁军呢？皇帝怒气不消，赵普反复解释。最后，虽然没有处罚，但转过年来，赵匡胤解除了他的禁军职务，出为彰德军节度使。之后，韩重赟在彰德节度任上不断建造佛寺，即使百姓怨声载道，他仍乐此不疲。有人分析这可能是这位后怕不已的禁军大将的韬晦之术。开宝二年（969），太祖征北汉，见他一心建寺念佛，也不批评，还设宴款待他，并用他为北面都部署，抗击契丹。五年后，韩重赟死去，算是得了一个善终，或许与他沉迷于佛有关系。

有救主之功的张琼都被冤杀，有义社兄弟之谊的韩重赟也差点被冤杀。可见禁见将帅的位置不是好坐的。有人研究过，说以后赵匡胤主要在两种人中选择禁军将帅。一种是才能中庸的天子姻亲，一种是有明显缺陷的心腹爱将。

王继勋是宋太祖王皇后的弟弟，虽然长得仪表堂堂，却生性凶横无赖。但因为是皇帝的内弟，还是官封内殿供奉官都知，后升任龙捷右厢都指挥使，领彭州防御使。王继勋仗着自己的国舅身份，在军中常仗势欺人，凌辱同僚。大家都无不让他三分，但龙捷左厢都指挥使马仁瑀自以为是皇帝的老部下，不肯相让，有一次甚至要用拳头教训王继勋。王继勋当时忍了这口气，却心怀怨恨，时时寻机报复。乾德元年（963）秋，宋太祖为了征讨后蜀，准备检阅军队。王继勋令部下预备木棍，要教训马仁瑀。皇帝得知密报，即取消了检阅，但也把马仁瑀调出了禁军，出任密州防御使。但对自己的妻弟却不予处分，并在不久后升王为保宁军留后，拜虎捷左右厢都虞侯、权侍卫步军司事。此事一出，大家都知道皇上是无限信任自己的亲戚的，也就再也没有人对他们指手画脚了。不过，禁军将领毕竟是需要两把刷子的，王继勋任这样的职务还是有点力不从心。赵匡胤只好另行选任自己的母舅杜审琼。但杜审琼接任时，已经七十多岁，当年秋就病死。放着那么多的精壮不用，却用这么高年纪的国舅出任禁军之职，可见对一般将领的不信任了。

但禁军统帅职责所在，也不能全由毫无才干的外戚担任。赵匡胤也会仔细挑选那些有一定能力又对皇位没有威胁的宿将来担此重任。这种类型的禁军将领的典型是杨义。杨义原名杨信，后因避宋太宗赵光义的讳，改名杨信。杨义在陈桥兵变后任权内外马步军都头，后来又领贺州刺史。又任铁骑、控鹤都指挥使。张琼死后他接任殿前都虞侯，领汉州防御使。杨义为人谨慎细致，所以赵匡胤对他很信任。有次赵匡胤率御龙直士兵到皇宫后面的湖泊教习水战。杨义正在玄武门休息，听到喧哗声，穿着便衣就进宫查看。此情景令皇上也非常感动，连赞他是忠臣。所以即使杨义后来因病失声，赵匡胤信任如故，第二年又擢升他为静江军节度使。开宝二年（969），一部分守卫皇城的禁军军校图谋不轨，事情败露，赵匡胤甚至在半夜开启玄武门令杨义入内搜捕反贼。事后，宋太祖将谋逆者十九人全部斩首，同时嘉奖了杨义。杨义不能发声，但是照旧处理军务。对这样一个能干又不可能有野心的爱将，赵匡胤给予了特别的信任。杨义一直任禁军之职，直到宋太宗时死在任上。另一个任侍卫步军马军都指挥使的党进因为是个文盲，也受到赵匡胤的信任，担任禁军职务时间较长。

一般有些战功与能力的武将则易遭主上的猜忌。比如，周世宗临死前因谶言被免去殿前都点检一职的张永德原是赵匡胤的老上级，但他在兵变后，很快入朝拥护，宋太祖安排他担任武胜军节度使，仍兼侍中衔。张永德后来喜欢与方士交游，不光朋友们，就连赵匡胤都称他为"张道人"。宋军统一南唐时，他想方设法筹集钱财建造了数十艘战船，支援前线，立下了很大的战功。但他因依法惩治豪强得罪了当地的一个豪绅高进，高进不肯服输，就利用了皇上疑忌武将的心理，进京告张永德图谋不轨。宋太祖立刻派了大将率领精骑前往，查无实据，再与高进对质，才知是诬告。由此可以看出赵匡胤对此事的重视。

名将、国戚符彦卿在宋太祖即位后，很快向赵匡胤遣使表示忠诚。赵匡胤立即赠符以太师之衔，位极人臣。杯酒释兵权后赵匡胤甚至想再任他典禁兵，被宰相赵普力劝而止。符彦卿也很注意自保。他本不爱财，但在镇守大名时，却放纵一手下仗势敛财。还公然将地方财政的盈余收入自己的腰包。晚年闲居洛阳，对宾客终日谈笑，却从不涉及时务，也不夸耀战功优哉游哉，最后得享天年。

由此可见，赵匡胤之用将驭将乃至疑将方面，都已做到了极端。将领们无不小心应付，希望避免被猜忌。韩重赟晚年佞佛是一例。符彦卿明显用的是自毁名声的方法以自保。由此也可以理解，南宋岳飞为什么战功赫赫，反而更不受高宗待见了。最后，导致军将没有敢于负责的，因循守旧、唯唯诺诺、明哲保身者增多，削弱了宋军的战斗力。这与赵匡胤富国强兵的初衷已南辕北辙了。

2. 毫无自由的宋代武将

唐末五代以来武将气焰熏天、跋扈难制的状况，给赵匡胤心中留下了极大的阴影。当上皇帝后，武将出身的赵匡胤采用了许多手段笼络武将，但内心深处，他对武将们却十分警惕，甚至可能厌恶。他在建国后频繁调整禁军的人事安排，以及杯酒释兵权等等，都是对武将及军队进行多角度、全方位的严密防范，其中最重要的措施是严格实行兵将分离政策，使"兵无常帅，帅无常师"，"兵不识将，将不识兵"，防止将帅拥兵自重，对抗中央。此后这种祖制发扬光大，变本加厉。宋太宗继位后，防范武人的措施即已无孔不入，甚至连武将的一举手、一投足都有法令约束。其中最为人诟病的是实行"将从中御"，剥夺了武将在战场上独立自主、灵活应变的前敌军事指挥权，由他自己在皇宫中"颁赐阵图"，遥控千里之外、瞬息万变的战场形势。此举等于把将帅的手脚完全捆绑起来，而战场上的不断失利也就不可避免。另外，宋太宗还严格控制将帅对部属的节制、处分权，造成军队的散漫无纪；因惧怕将领的尾大不掉，绝不允许将帅设置亲兵；又派宦官监军或出任主帅，对武将进行监视；对官员的选拔及边防将帅的任命上，一律重文臣而轻武将。

对这种由来已久的以"猜防"待武臣的态度，著名思想家王夫之在史论名著《宋论》中评论说，这是"怀黄袍加身之疑，以痛抑猛士"。结果，宋朝武将无人可用。终北宋之世，仅有王德用、狄青两位名将，也是猜忌防范无所不至。历经百年蹉跎，终于导致边疆无能够任用的将领，军中没有能够战斗的士兵，城池坍塌湮没，守卫的士卒逃散（阃无可任之将，伍无可战之兵，城堡湮颓，戍卒离散）。

王夫之还说：不能发现人才可以勉强说得过去，不能任用人才就说不过去了（不知犹可言也，不任不可言也）。北宋之灭亡，并非只是因为宋徽宗昏庸、蔡京的奸邪。深层的原因是自赵普进献猜忌、防范武将之策以后，君臣上下无不对武将猜忌害怕，一味压抑英杰之士为固本安邦之策。形成的恶果是迫使那些统兵在外的将帅和从军之人，都以安身保命为福，反而害怕建立战功招来灾祸。只有像童贯这样宦官身份的人，才能坦然承担战功，不须担心扬名立万。

虽然，唐末五代时期的形势已经不复存在，但宋朝历代皇帝执行祖宗家法却是压制武将一以贯之，防范"如敌国"，以致于武将们都以建功立业为祸、以免遭猜忌为福。此种政策的恶果是，皇帝虽然实现了对军人的绝对控制，但在对外战争中却始终处于被动挨打的局面。北宋的积贫积弱，南宋之偏安江南，其根本原因概在于此。即使在强敌环伺下的南渡初期，也并无改观。岳飞令人心痛扼腕的命运、韩世忠的主动隐退，即是鲜活的例子。

宋太祖赵匡胤在实施以文制武、裁抑武将政策的同时，驭兵也极严。

3. 驭兵之术

军人出身的赵匡胤为得到三军将士的拥护，在即位后，多次赏赐将士，"金币绢钱，无所爱惜"。但是他比五代时期那些骄纵士卒的皇帝高明，他对士卒的管理也完全形成了新的规矩。通过建立严格的"阶级之法"及厉行军法，驭兵之严，前所未见。

"阶级之法"的主旨是要确立军队内部上尊下卑的等级关系。要求下级绝对服从上级，敢有违犯，重则处斩，轻则处以充军或徒刑。禁军的长吏，拥有生杀大权，"寓威于阶级之间"。各级军校各司其职，不得僭越。目的是使"士卒知有将帅，将帅知有统帅，统帅知有朝廷"，从而根除骄兵逐帅、悍将废主等犯上作乱的制度因由。为了整肃军队，他还一改宽厚仁爱的形象，厉行军法，多次大开杀戒。如建隆元年（960）十月，斩临阵退缩的龙捷指挥石进等 29 人。开宝四年，又因川班内殿直（灭蜀后，选拔后蜀士卒强壮者组成）聚众闹事，赵匡胤大怒，将为首的四十多人一律斩首，一般闹事者发配外地服役，都校决杖去职，取消川班内殿直的番号。

五代时期，士卒出征作战，往往剽掠百姓，肆行抢劫，既失民心，也造成社会的动荡。赵匡胤命将出征，必定申明军纪，严禁杀掠百姓，违者严惩。雄武军卒在光天化日之下闯入市肆抢掠百姓，一次就被斩首数百人。

赵匡胤出身行伍，武艺高强，懂得军队不光要有军纪，还要坚持军事训练，才能培养出一只威武能战的军队。《宋史》中有很多他亲自检阅水师、教习骑射的记载。他还以武艺程度的高低选拔禁军士卒，汰弱留强。所以，宋初京师禁军强悍有力，战斗力极强。宋人对此十分自傲，认为士卒数量不多，故无冗兵；军法严厉，故无骄兵；士卒精干，故无弱兵。所以，宋初京师禁军虽然只有十万，但却足以"制诸方面而有余"，十分轻松地保持中央对地方的军事优势。

为了防止没有行军打仗任务的士卒荒废体力，保持军人的战斗力，赵匡胤有意让他们保持勤劳，防止懒惰懈怠习气的形成。他亲自规定，每月士卒领取粮饷，驻守城东的要去城西领粮，城东的则要到城西取粮。不许雇车及请人帮忙，必须自己将约200斤的粮食背负回营。他还专门登上城楼高处，观察士兵们领粮的情况。更成法的办法是士卒轮流出戍，三年一轮换，防止了士卒过度思家。由于身处他乡及异邦，不会萌发异心。一方面使将领不能专兵，另一方面也使士卒轮流出戍，均劳逸，知艰难，识战斗，习山川，使其"安辛苦而易使"，而不至于流于骄惰难用。

宋初军队方面的这些改革，打造出了一支十分能战斗的精锐部队，在统一南方诸国的战斗中所向披靡，对成就赵匡胤的文治武功起了极大的作用。但他有意扬文抑武，有些措施反而是创下了恶例。如为防止士卒逃亡，赵匡胤还实行在士卒脸上刺字的做法，此种作法与将罪犯黥面相似，使得宋朝军人待遇虽然优厚，但却贬低了军人在社会上的地位，不利于士气的提高。

他还创设了募兵制度。

赵匡胤曾经与赵普等重臣商讨子孙后代都能得益的制度，臣下出了许多主意，皇帝都不满意。赵匡胤认为只有养兵一法才是长治久安之道。他说：子孙后代都得利的方法，只有养兵。灾荒年景，即使有叛民作乱军队也不会响应；正常年份即使不幸生变，有军队作乱，百姓也不会参加。建立由国家财政养兵的募兵制度，实际上是将军队作为收留饥民和暴民之地，防止他们到社会上去生事。

但募兵制的缺陷也极其明显。因为募兵制实际上实行的是职业军人制度。百姓一旦应募为兵，便被输入官府军籍。这些人了军籍的人们，行不得经商，居不得为农，生老病死皆不许脱籍为民，妻子儿女全部都要仰食于官府。兵营里充斥着老弱病残。这种兵，是无法上战场的。于是，只有从社会上补充大量精壮，军队人数则扶摇直上。比如，太祖开宝年间，禁、厢军部数为三十七万人；太宗至道年间增至六十六万；真宗天禧年间为九十一万；仁宗庆历年间为一百二十五万；到神宗皇帝登基前，已经达到一百四十万。

禁军属于中央的正规军，其士兵每年的军饷军粮，平均为每人五十缗钱。一缗为一千钱，基本就是一贯。折算成今天的购买力，五十缗接近今天的一万元人民币，但供养全家一年的开支，并不算富裕。厢军为地方部队，士兵的军饷军粮要少一些，大约三十到三十五缗的样子，约合今日的六千元人民币。这些仅仅是平时的士兵薪饷开支。如果加上战时的后勤保障、转运、赏赐、组织动员、损耗、管理等等开支，数目更为惊人。如果以神宗皇帝登基时每年军费开支约四千八百万缗，占全国财政收入的六分之五计，太祖时最少也要占到十分之一。

军队人数众多，并不一定就能打胜仗。相反，冗兵与以文制武的国家政策和军事体制相结合时，战斗力便根本无从谈起。赵匡胤之后，宋朝军队在与辽及西夏的对抗中始终处于下风。人们常用"积弱"这个概括的词来形容这种状况。

4. 好男不当兵，好铁不打钉

赵匡胤之所以念念不忘藩镇问题。究其实，是因他以武将身份夺得天下，对五代以来的兵骄将烈的危害有切身体会。相反，文人则易于使唤，即使其言辞激烈，行为失控，也绝对无力撼动政权。用文臣治理国家，显然比桀骜不驯的武将保险。

文臣即使贪污，他们造成的危害也只是癣疥之疾，而武人一旦谋逆，却都是致命危害。有一次，在回顾了五代十国的军阀混战之后，他十分感慨地对赵普说："选择一百个文官派到全国各地去当地方大吏，哪怕他们全部变成贪官污吏，都赶不上一个武将可能带来的祸害。"这就是赵匡胤及其后代子孙以文臣代武将的原因。重用文臣治国的方略，在宋太宗时得到巩固。文人的社会地位不断提高，士大夫热衷考试做官。民间社会受此影响，始有"好男不当兵，好铁不打钉"的谣谚，彻底改变了五代以来的尚武遗风。

赵匡胤此策，消弭了内乱，稳固了皇权。但重文抑武之风盛行，武臣贬抑过甚，社会上以"执兵为耻"，军队士气不振，战力衰微，其弊之重，虽不能说矫枉过正，得不偿失，但也委实可说是伤筋动骨，大损元气。

5. 三分军权

"杯酒释兵权"仅是赵匡胤改良军队的前奏。指挥统帅体制的改革才是精华。

在殿前都点检及副都点检相继停授之后，殿前司的长官自动降格成都指挥使。建隆三年（962）九月，在石守信被免去侍卫马步军都指挥使后，侍卫司变成了马、步军互不统属、各自为政的两部。这样，中央禁军系统就由原来的"两司"变成了"三衙"，长官也就是后来宋朝军中习称的"三帅"：殿前都指挥使、侍卫马军都指挥使和侍卫步军都指挥使。这个变化是削弱禁军主官权力的重要一步，另外两司变三衙，也意味着权力的分散。三衙鼎立，互不统属，改变了过去禁军将领一人统率各军的体制，后成为宋朝基本的一项军事制度。

其后，赵匡胤又在三帅之下，将原两司军队各分割成"四卫"，即属殿前司的铁骑军、控鹤军；侍卫马军司下设龙捷军，侍卫步军司下设虎捷军。"四卫"下面又各设四厢都指挥使，以分"四卫"指挥之权。这种逐步将禁军指挥权下移的趋势持续多年，到真宗时"三衙"的都指挥使、副都指挥使已经变成了统兵戍边将领的荣誉官衔，都虞侯成为执掌三衙的最高长官。到后来，三衙的兵权甚至下移到了官位更低的四厢都指挥使，三司都虞侯已不再握"三衙"兵权。

"三衙"的统兵之权又受到枢密院的控制。此种体制的运作原理，宋人曾有一简明的概括：祖宗制兵之法，天下之兵，本于枢密，有发兵之权而无握兵之重；京师之兵，总于三帅，有握兵之重而无发兵之权；国家每有出征，都是由皇帝临战命帅"权领"，所任命的主帅往往又不是三衙将领。由此，将兵权一分为三，各有职守，相互制约。

不过，就是此等有限的军权还受到进一步的限制。他们的"握兵"之权，被严格局限在平时负责训练、职守、赏罚迁补上。而要害的"调兵"之权，却全由枢密院掌管，没有枢密院的命令，大将甚至调不动一兵一卒。枢密院完全听从皇帝的命令，再具体安排由谁"统兵"。军事行动结束后，首长交出部队，调回到其他单位；部队则返回各自营区。这套制度的核心理念在于防止武将拥兵自重，尾大不掉。军中三权分立，没有人直接掌握一兵一卒。统制如此繁复严苛，使任何一个军队将领如果想要拥兵自重的话，变得即便不是不可能，也是极其困难的，因他需要克服的障碍实在太多了。因此，宋朝一扫五代以来骄兵悍将的跋扈之害，没有发生黄袍加身式的兵变。但过细分割、各自为政、动辄掣肘、难以协调，运转起来滞重不畅，没有什么效率可言，直接削弱了宋军的战斗力。而且问题的严重性一直与日俱增，终北宋之世都没有从根本上解决。

禁军之间，每两三年甚至半年还要变动防地，实行所谓更戍法。而轮换时将领却不许随行，因此形成"兵无常帅，帅无常师"，"兵不知将，将不知兵"的状况。更戍法的本意之一是使士卒均劳逸，知艰难，识战斗，习山川，不至骄惰难用。但更明显的则是人为形成兵将分离，防止两者形成利益一致的私党关系，铲除跋扈兵将犯上作乱、为非作歹的条件。但兵将分离，更迭轮戍，兵不知将，将不知兵，兵将难成一体，战斗力自然下降。

如此错综复杂的管理指挥体系，加上这种故意造成的"兵无常帅，帅无常师"的状况，也使部队的凝聚力和团队精神无从谈起。不但无法形成强大攻击力，就连承受大的打击都困难。

全国兵力的部署配备，遵循强干弱枝、内外相制的方针。宋代军队由禁军、厢军、乡兵、蕃兵四部组成。其中禁军是中央军、正规军，是主力的国防军和治安军，驻防京师及各军事要地。厢兵是国家正规军的地方部队，由宋初抽调藩镇兵精锐后的一般士卒构成，负责辖地治安及承担各种劳役。乡兵是保卫乡土的非正规地方军，多数是按户籍抽调壮丁组成。蕃兵是由边境少数民族组成的非正规边防军。这些军队的部署，京师重地保持数量上和质量上的绝对优势，旨在加强京师的拱卫，弱化地方的军事力量。此谓强干弱枝。这个原则与内外相制是相辅相成的。就是合京城禁兵足以对付外地诸道的禁兵，因而制约了外乱的发生；合外地的禁兵又足以对付京城的禁兵，使其难以酿成内变。内外相制也表现在一些局部区域的制衡，如京都内外，路、州之间，州、县之间，以及不同兵种的部署上面。

因为五代十国时期的武将们给赵匡胤留下的印象实在太深刻了，赵匡胤在开国不久就实行了彻底的以文制武政策。所以终北宋一朝，枢密院的一把手枢密使只在很短的时间里曾经由武官出任，其余时间全部由文臣甚至宦官掌控；各级部队的统帅，也由文职人员或者宦官担任；职业军人即武将，必须在文官的节制下指挥军事行动；即使在战术单位，也是如此。这对北宋军队战斗力的伤害可以想见。

赵匡胤削夺兵权、改革兵制的一系列措施，形成了人事、制度方面的制衡体系，形成了在军事领域以猜防为特征的祖宗家法。猜忌将领，钳制士兵，成效凌厉，有目共睹，有效保证了宋朝军队的长期稳定。但用药过猛，矫枉过正，杀伤力极大，负面作用也极其突出。整个北宋时期，在与辽、西夏的长期抗衡中，在面临新崛起的女真的猝然南侵中，都先机尽失，毫无优势可言。有人评价：太宗以后，几无名将。少有的名将狄青也是受猜忌而死。北宋中后期以来的积贫积弱局面的形成，可以肯定地说，与此有不可分割的关系。

十一、以文制武与太祖誓碑

五代时期，崇尚勇力，天子都是兵强马壮者为之，文人社会地位低下，屠杀、羞辱文人的事件时有发生。但行伍出身的赵匡胤本人雅好读书，深知读书人的价值。知道天下虽可以马上得之，但却绝不能马上治之。认为王者虽然是用武功平定天下，但终究要用"文德"使国家治理，因此，赵匡胤很早就确定了"兴文教，抑武事"，以"文教化成天下"的治国方略。《宋史》上评价宋太祖的这一国策是提拔重用文臣，逐步剥夺武臣的大权。可见整个宋代尚文的风气，就始于太祖之时。

1. 尚文举措

赵匡胤登基之初注意争取后周文臣的拥护，很快稳定了政局，坐稳了皇位。此后，他一方面专注于解决武人擅权与藩镇跋扈的问题，另一方面注意振兴文教。他继承柴荣之志整修了国家最高学府国子监，并亲自莅临国子监，下令整修祠宇，塑绘先圣、先贤、先儒画像，甚至还亲自撰写孔、孟二圣的颂赞。有时，他视察国子监之后，还会赐学官及学生酒、物。建隆二年（961），他下诏令中贡举人者，一律到国子监拜谒孔子，以后成为制度。他崇儒的措施还有很多，不一一列举。对读书人的建议他都很重视。有个读书人叫王昭素，为人忠直，不妄语。赵匡胤很喜欢王昭素的为人，曾亲自接见，与他谈论，王昭素不时利用机会向他劝谏多做利国利民之事，他非常高兴。还问王昭素治世养身之术，王回答："治世莫若爱民，养身莫若寡欲。"赵匡胤非常喜欢这两句话，还特意抄写下来诵读。

当然，宋太祖赵匡胤好儒并非是为了好名，而是想从他们那里了解更多的治国治民之道，知治乱之大体。他认为皇子读经也是如此，不必学什么文章，用处不大。他对那些喜欢掉书袋的文人的态度从一件小事上也可以看出。比如，有次他和宰相赵普经过朱雀门，指着门匾对赵普说："为何不直书朱雀门，必须中间加个'之'字呢？"赵普回答说是语助词，赵匡胤笑着说："之乎者也，助得甚事！"

但总体来说，他重视读书人的态度没有大的变化。乾德五年（967），平定后蜀叛乱，赵匡胤偶然发现，蜀地曾用过乾德年号，而这个年号启用时，赵匡胤曾专门要宰相查过历书，防止重复，但想不到还是出现了这样的纰漏。他询问宰相赵普，赵普不明所以。后翰林学士窦仪给出了正解，令赵匡胤感叹："宰相须用读书人！"

"宰相须用读书人"是宋朝实行崇文抑武、优待士大夫国策的基础，从这个理念出发，他坚持不断地削弱武人势力，改变了唐末以来武人当政及整个社会的重武轻文风气。文人的社会地位大大提升，随着科举考试制度的改革、规模的扩大，文人成为官僚的主体，不仅宰相、地方官员都由文臣担任，连向来由武人把持的枢密院、边防重镇长官也都变成了文臣。到宋仁宗时，又向前大大跨了一步，全国上下几乎都成了文人的天下。从大臣到近侍、执掌钱谷的、知州郡的、担任边防大帅及转运使的官员无不都是文人。

"秀才造反，三年不成"。赵匡胤对一时失态、缅怀旧主柴荣的文臣翰林学士王著并未计较，原因是他不过是个文人，哭两声旧主，没有什么了不起。

事实证明，以文人为官员主体的政治格局的确立，对保证赵宋王朝的皇位稳固起了至为重要的作用。

2. 培养天子门生

科举制度是一种设科考试、择优录取以选拔官吏的制度，特别有利于选拔中下层读书人参与国家政治。但发展到宋代，经过几百年的演进，出现了豪门操纵、主考舞弊等取士不公的现象。任其发展，不但难以取信士人，扩大统治基础，而且还会危及皇上的权威。但宋初最急迫的问题还是削夺禁军大将军权及统一问题，赵匡胤没有对科举制度大动干戈，只是对碰到的问题进行了逐步地解决。

唐代后期发生了历时数十年的朋党之争，原因是唐代进士都以科举考试的主考官为恩师，由于恩出私门，不知道还有君主这回事。主考官利用主考机会培养私人势力，考官与门生之间、门生与门生之间为了私利结成朋党，争斗不休，引起唐末政治的混乱。因此，赵匡胤对此严加控制，建隆三年（962），下诏禁止考官与考生之间结成座主与门生关系，及第举人不得拜主官，违反者御史台可以弹奏，还不许称呼主试官为"恩门、师门"，考生自己也不能自称"门生"。这个举措打破了科举考试中一个重要的人情纽带。

赵匡胤还明令废除了科举考试中的"公荐"制度。过去知贡举的主试官在赴贡院主试之前，宰相近臣可以保荐有才的人，造成主试官取士时就不能"无所私"，实际上是一种变相的请托。赵匡胤在乾德元年（963）下令不得再行"公荐"，"违者重治其罪"。

赵匡胤还将过去相对固定的主考官改成临时差遣，名义叫"权知贡举"，每年都由不同的人担任。还增设副职，名为"权同知贡举"。卷面优劣要由主试官与其他考官共同评定，主试官不能一人决定。考官受人请托或有其他作弊行为都要受到贬官处分。皇帝本人有时也会亲自参加复试，有时他也会派宰执大臣主持复试。宰执大臣也不能保证就没有舞弊行为。开宝五年（972）宋太祖赵匡胤打破旧例，亲自在讲武殿召对新科进士，然后下诏放榜。这样，皇帝就把科举取士的大权揽归自己手中。开宝六年（973），宋太祖在讲武殿出题重试落第举人，考完后由皇帝亲自阅卷，定下录取名单。这种由皇帝亲自复试奏名进士和举人的方法，就称为"殿试"。

殿试因为是天子亲自主持，所以得中者都成为天子门生，极为荣耀。尤其是新科状元登第后，要披红挂彩骑在高头大马上满京城游街夸耀，首都举城若狂，瞻仰新科状元文曲星下凡似的风采，就像盛大节日一般。据说，所有美丽的少女都在心中梦想着与他结为连理。皇帝还要赐闻喜宴请新科进士们喝酒，这些都是在宋太祖时期形成的惯例。

殿试在抑制势家、提拔贫寒士人进入官僚队伍方面有积极的作用。当然，赵匡胤还采取直接补助差旅、食宿费的方式帮助贫寒家庭的士子赴京应试。贫寒士人通过读书、应举、入仕的途径进入上层社会，不仅对社会上广大学子形成示范效应，赢得了读书人对赵宋王朝的认同与支持，也提高了学子们读书为文的积极性。宋代有首神童诗是这样写的："天子重英豪，文章教尔曹；万般皆下品，唯有读书高。"可见，读书做官已经得到整个社会的高度认同。

3. 文盲党进"掉书袋"

赵匡胤即位后就喜欢重用读书人。通过"杯酒释兵权"解除了功臣宿将的军职之后，还想消除武夫悍卒的骄横跋扈之风，经常用"天下可以马上得之，却不能骑在马上治之，更不能躺在马上守之"这句话来告诫身边的武将。他竭力提倡武臣们读书"以明治道"，武将们为了迎合天子，也纷纷读书以装门面。这种作法无形中更提高了读书人的地位。渐渐地，宋朝武将和文臣之间的关系发生了很大的变化。双方相见时，文臣不再低眉拱手，倒是武将们要恭恭敬敬，先表问候。

读书和读书人如此受人敬重，令目不识丁的大将军也眼热。党进是赵匡胤的一位亲信武将，目不识丁，连自己统率的部队中兵员、马匹、铠甲等数字也经常搞不清楚。有时上朝皇帝提问，他无法回答，就会把幕僚们写在手板上的数字，举起来给赵匡胤看。有年秋天，轮到他率军到高阳巡边。按规矩，赴任前要到朝堂向皇帝致词告别。虽然司礼官告诉他边将可以不用告别致词，但他坚决不同意。负责的官员只好将致词给他写在手板，并教他背熟。但轮到党进时，他抱着手板跪在那儿，一紧张，把已经背熟的致词全数忘光，跪在地上很长时间一言不发。最后，他一着急，对着赵匡胤大声说："臣闻上古民风淳朴，请官家多多将息（保重之意）。"这两句风马牛不相及的话一出，大臣们无不掩口失笑。赵匡胤也忍着笑答道："卿请起，朕自当朴略风气，好好将息。"出殿后，人们问他为何突然念此两句，党进得意地说："我早就看那帮措大（当时骂人穷酸的俚语）们喜欢在皇帝面前掉书袋，我也来两句给他们看看，让皇帝知道我也读书来着。"

诸如此类，无非都是宋初重文抑武国策的反映。而这一切，又通过一座誓碑传之子孙，对后代北宋帝王的施政方针影响巨大。

4. 不得杀士大夫及上书言事人

这是宋朝历史上又一个有传奇色彩的故事。据说早在建隆三年（962），赵匡胤就曾在太庙寝殿的夹室里立下了一座誓碑，与子孙约法三章。作为大宋帝国的祖宗家法，世世传承。石碑高约七、八尺，阔约四尺。藏在太庙寝殿的夹室内，封闭甚严。新皇帝即位及每年四季祭祀，朝拜完太庙，依礼启封后，皇帝要跪着默诵誓词。届时，只有一个不识字的内侍跟随，其他人只能远远恭候。因此，除了北宋历任皇帝，没有人知道誓约的内容。那么赵匡胤以至高无上的开国皇帝之尊，给自己的子孙立下的誓约内容是什么呢？北宋末年，金军攻入汴梁，为了搜罗战败赔款，将太庙的礼器祭器全部抢走，大门全部打开，人们在殿中发现了这个石碑，上面刻着：

一、柴氏子孙，有罪不得加刑，纵然犯谋逆之罪，止于狱中赐自尽，不得于市曹中刑戮，亦不得连坐支属。

二、不得杀士大夫及上书言事人。

三、子孙有渝（违背）此誓者，天必殛（杀）之。

誓约第一条是对周世宗柴荣后人的保护。最后一条是严正警告子孙不得背弃上述誓约，否则将遭天谴。最主要的内容当然还是第二款"不得杀士大夫及上书言事人"。不仅提醒自己对文臣要宽容、重视，也要子孙遵守此诺言。

此誓约的内容在几本北宋史料中都有出现，还没有可靠的证据可以否定它的存在。从实际情况看，宋太祖前后杀过八十多个大臣，但这些人基本都是武将。专家分析，宋太祖赵匡胤为什么专门立誓保护士大夫及上书言事人？认为与宋初的政治形势有关。由于唐末五代以来执掌军政大权的宦官与武人出身的皇帝鄙视士大夫，还动辄杀害那些敢于议论朝政的读书人，造成这些人与朝廷离心离德，不肯为国尽力，从而造成政局动荡。宋太祖通过黄袍加身取得帝位，但成功稳定政局则与后周文臣的归附有关。"杯酒释兵权"若没有士大夫的支持也不会成功。而且他要抑制武臣，就必然要重用文人，优待士大夫。否则赵氏的江山就不可能长治久安。但是这种优待士大夫的政策又不能让武将们知道，否则就会引起武人离心，甚至激起兵变。而士大夫一旦知道有此誓碑，恐怕也不好控制，因此赵匡胤才会用誓碑这种方式，既减少可能引起的副作用，又要子孙保证执行既定的国策。并且这种优待士大夫的政策与前面我们提到赵匡胤所实行的崇文抑武的政策是完全匹配的。这就更说明它存在的可能性了。

十二、抑相权，改官制

方镇太重是唐中期以来直至五代君弱臣强的最突出的表现，但削弱君权的却不只此一个方面。相权的强弱也与君权成相反的关系，要维持君权的强势还要不断地削弱相权。有人讲，赵匡胤把军权方面的三大纲领用到了抑相权上，对相权进行了一番瓜分豆剖、腾挪转移的功夫。其招数之一就是让自己的旧日幕僚赵普进枢密院。

1. 抑相权

枢密院长官自唐末以来多由宦官担任，开始参与朝政，瓜分了宰相的大权。五代以来，任枢密使的改成士人，都是天子心腹。他们讨论、决策军国重事，权力已超过宰相。后唐、后汉时期，政事都由枢密院掌管，宰相甚至成了挂名备位的闲差。周世宗即位，大权独揽，枢密院地位有所降低，但仍然权力很大，所以他安排的三位顾命宰相都兼任枢密院的职务。

赵匡胤在即位之初，为了稳定政局，尽数留用了后周官员。但他在拜前朝宰相范质、王溥为相时，却罢去了前两人的参知枢密院事一职，魏仁浦仍兼枢密使，但其职责却主要在国家行政事务的处理上。三人凭着过人的威望及才干，在帮助赵匡胤稳定统治及处理一般军国政务中都起了极大的作用。但实权却掌握在以枢密直学士的身份执掌枢密院的亲信赵普手中。

即便如此，宰相的位尊誉隆还是为赵匡胤所忌惮，表面上他对宰相们非常优待，实际情况并非如此。有个例子，是个很好的注脚。原来，宰相到朝堂与天子议论政事，天子必赐座看茶，从容论事。范质等人拜相以后，一改历年旧习，凡事都先拟定札子（奏章）上报天子，待天子批阅后执行。范质等人认为这样可使自己"免枉庸之失"，实际上担心皇帝怀疑自己专权。以后用奏章处理政事成为常态，宰相与天子"坐论"之礼也就逐渐废弃了。这个情节虽然不大，却是相权沦丧的重要表现。正因如此，宋人笔记中还把这件事情演义得更加富有故事性。说有一天，宰相范质上朝奏事，赵匡胤借口奏章中字迹不清，让范质上前辨认。可是等范质退下想重新落座时发现座位已经被人撤下。对此，老于世故的三位宰相并未声张。之后，君臣之间的坐论之礼就戏剧性地废止。此说虽然言之凿凿，但却未免显得豪爽宽厚的赵匡胤太小家子气，不能尽信。

赵普在枢密院虽然只是一直学士，但枢密使吴廷祚"谨厚寡言"，而且与赵匡胤并无私交，所以赵普实际掌握了枢密院。但这也只是过渡而已，赵匡胤很快便找到机会为赵普正名。即位当年八月，平定李筠之叛后，论功行赏，事先赵匡胤就对宰相打招呼"赵普宜在优等"。结果，赵普升任兵部侍郎、充枢密副使，开始名正言顺地执掌枢密院事务。

建隆三年（962）六月，吴廷祚罢枢密使，赵普在十月就晋升枢密使，腾出的副使位置由太祖的另一个谋士李处耘担任。乾德二年（964）正月，范质、王溥、魏仁浦同时罢相后，赵普自枢密使位置上拜相。另由李崇矩继任枢密使。后周三位旧相至此算是完成了"留守"任务，赵匡胤选拔了自己最信任的人担任宰相。

赵普拜相以后，赵匡胤事无大小，无不与其议决，宠待如左右手。而新任枢密使李崇矩和赵匡胤没有很深的私人关系，为人又忠厚老实，于是宰相之权完全压过了枢密使。赵匡胤专任赵普，无奈国事繁杂，就想给他配备几个副手。于是就模仿唐朝旧例，在宰相名下设置了参知政事的名目，以官衔较低的兵部侍郎薛居正、吕馀庆担任，协助赵普处理政务。但他又不想赵普受到干扰，就规定参知政事不能在政事堂议事，不能掌管相印，也不能与宰相一起领班奏事，只不过是奉行制书、具体执行各项政令罢了。权力照旧由赵普独揽。

此种情形延续了十年，赵普也变得独断专行。这引起了赵匡胤的警惕。开宝六年（973），赵匡胤提升了一向人微言轻的参知政事的地位。参知政事开始在政事堂和宰相议政，还可以与宰相一起轮番掌管相印，押班上朝，奏事。赵普的权力一下子被分割许多。

赵匡胤还逐步制度化地分割宰相之权，形成了宋代军事行政财政方面的三权分立机制。

宋代宰相制度基本自唐代沿袭而来。中央设中书、门下、尚书三省，但门下、中书二省没有实际职掌，另在禁中设中书门下，也叫政事堂，长官称平章事及同平章事，就是宰相，人数一般是一到三人。宰相名义上处理国家军政大事，但实际只处理行政事务。后来，此权还受到参知政事的分割。

枢密院在五代以来侵蚀宰相权力，干预行政。宋初赵普以枢密直学士之任实际担纲宰相，可见枢密院职掌之宽。但在赵普真正拜相之后，枢密院的权力回归军事正途，原属宰相的那部分军事权力也被划给了枢密院。

通过对中书门下与枢密院的官职进行调整，逐渐形成了两府分掌文武之权的制度。中书门下叫政府、东府，负责行政事务；枢密院作为最高军事机关，称枢府、西府，长官为枢密使或知枢密院事，称枢相，也叫执政。副长官为枢密副使或同知枢密院事，资历浅的副长官则称签书枢密院事或同签书枢密院事。枢密院一般设有不少的副长官，目的是为了分枢相之权。所有长官都由文臣担任，他们有自己独立的办公场所，不与宰相一起办公，所奏两不相知。皇帝可以从它们不同的奏事中，了解全面的情况。两者合称宰执，互不统属。这样，宰相虽名义上统掌军政大事，但实际上仅处理行政事务，权力大大削弱。

宋太祖还设立了名为三司的机构，号称"计省"，长官三司使也叫"计相"。三司为盐铁（负责工商收入及兵器制造等业务）、度支（负责财政收支及粮食漕运等业务）、户部（负责户口、赋税及榷酒等业务）。三司总理财政，地位仅次于二府，首长同样直接对皇帝负责。此举分割了宰相的财权。

相权独大，曾是历代君主十分头痛的问题。宋太祖起，将百官之首宰相的职权一分为三，削弱抑制了宰相的大权，从而有效地防止了权臣篡位的风险，减少了权臣擅权的情形与烈度。有人评价说，这是赵匡胤将对付方镇的三大纲领应用于宰相身上，设参知政事以削其权，分军事之权予枢密院，另立三司掌握财政，则是夺其钱谷。其运作之妙已超乎赵普最初的设计，就此来说，赵普可谓作茧自缚了。

宋朝在中央还设学士院，任职者为翰林学士，专门负责给皇帝起草各种诏书，还侍从皇上，以备随时顾问，也可直接向皇帝进言。宋朝中央还设立了一个审官院，任免少卿监以下的京朝官；设审刑院作为国家最高刑事案件复审机构；赵匡胤还在御史台之外设立了谏院，这是一个职权、级别、地位、任务与御史台完全一样的监察、舆论机构。御史台的首长是御史中丞，谏院的首长是知谏院。这两个部门的官员经常是由一些学术、才能、品行都很出众的人物担任。他们控制了监察与言路，气势非凡，锋芒所向，经常可以将宰相等高官拉下马，官员们没有不怕他们的。上述这些机构大多直属于皇帝，这又将朝廷中级官员的任免、刑案的复审、终审之权从宰相职权中独立出来，进一步抑制了相权，增强了君权。

2. 改官制

官、职、差三分的制度是宋朝官制中特有的制度。这套制度奇异而又复杂繁琐。为了防止各级官员们专权或势力坐大，他在政府机构外新设了许多办事机构，增加了许多新的官位，原来朝廷的三省、六部、九寺、五监成为闲散机构，官员除非有皇上的特旨，也不管本司事务。因为有这套制度，上至宰相，下到主簿，担任的都不是与官职名称相符的职务。

官只是用来确定品秩即官位高低、俸禄（即收入）多少、官服等级，也叫做"寄禄官"，或阶官。职，也叫做"帖职"，是一种加官，如大学士，学士等等，是文学之臣的荣誉衔，并不担任相应的馆阁职位。最后是差遣，只有差遣，才是官员们所担任的实际职务，代表了官员的实际权力与责任，因此，叫做"职事官"。如中书令是中书省的最高长官，但是身为中书令的人只意味着拥有宰相的资格和可以领取宰相的俸禄，并不意味着他真的就是宰相了。只有加同中书门下平章事时，他才能算是实际的宰相。这最后一职就是差遣。如此一来，不管你是多高的官，多么荣耀的帖职，若没有实际的差遣，就不会有实际的职务和权力。宋朝的官任职又有严格的时间限制，文官只有三年、武官也只有四年，各人都有"名若不正，任若不久"的现象和感觉。从而，在客观上增加了官员们利用职权，在一个地区、一个部门、一个系统中培植自己势力的难度。主观上，也在一定程度上减少了这种故意。也就难以危害朝廷了。

有一个例子可以说明官员任期上的严格。如青州北海县升格为北海军后，杨光美被派去担任知军。此人在任期间为政清廉，官声极佳，深受百姓爱戴。三年任期满后被朝廷召回，北海军数百名百姓来到京城请愿，要求留杨光美继续担任北海地方长官。赵匡胤不允许，下诏令百姓离去，百姓不肯。赵匡胤下令鞭笞为首者。后来又专门下令，地方官任期满后，当地百姓不得上朝廷请求地方官留任。可见，赵匡胤对此限制之严。

这套制度把权力完全集中到皇帝手中。但是这套官制运行不久，就出现很多人有官、有职而没有差遣。而科举制度不断给官场输入新鲜的血液，闲官的数量将会越来越多，"居其官不知其职者，十常七八。"造成了庞大的、只拿钱不干活儿的冗官队伍。为了安排这些已经有了官、职和每年继续涌进来的新官员，国家只好绞尽脑汁地发明新差遣、新官位，于是官僚机构、职位繁复不堪，"叠床架屋"。"冗官"与慷慨的高薪制度相结合，耗费了以千万计的俸禄，形成一个社会问题，困扰宋帝国多年。

北宋的官员，尤其是中、高级官员的俸禄收入，可能是中国历史上各个朝代里最为丰厚的。有人认为，宋朝宰相的官方收入大约至少是明朝首辅的五倍以上。枢密使和宰相的俸禄收入一样，都包括：正俸，相当于基本工资；添支，相当于资历或年资工资；职钱，相当于职务工资；衣赐，相当于服装补贴；茶酒厨料，相当于伙食补贴；饲刍，相当于交通补贴；薪炭，相当于取暖补贴；还有七十个人的随从衣粮，相当于安全保卫兼威风摆谱津贴。其总数大约为一万缗钱上下，差不多合一万亩土地的出息，大约相当于今日二百万元人民币左右。我们知道，拥有宰相官位的人可远远不止三五个人。太祖杯酒释兵权之后，节度使的待遇是最高的，大约比宰相还要高出三分之一左右，而拥有节度使待遇的人，比拥有宰相官位的人，又要多出许多。

　　官员们的收入是以官、职确定的，有没有获得差遣对于收入的影响不是特别大；获得差遣的职事官，也只有那些放外任的会多增加一些。宋朝的官多，责任却不大，只要任内不出大错，就会通过"磨勘"（政绩考核），按时升职。这种设计虽然保证了大宋王朝没有短命夭折，却也造成了不求有功、但求无过，因循守旧、缺乏血性的官场习气。

　　北宋时期的国家财政收入，平均每年在六千三百万到六千八百万缗钱之间。官、兵两项，已经开支六千万缗。再加上每年一成多的皇家开支、祭祀天地祖先的费用，基本收支两抵。如果再加上宋真宗以后每年赏赐辽和西夏的"岁币"，两项合计七十五万五千两匹银绢，又占去了国家财政收入的百分之一多一点。所以北宋朝廷多年入不敷出，形成所谓的"积贫"现象。

　　虽然宋朝是中国历史上经济文化发展的巅峰时代，农业、手工业、商业、国际贸易、城市发展、科学技术进步、生产工艺改进等等方面，无一不是最辉煌的时期，肯定也是当时世界上最富裕、最发达的国家。不幸的是，在此情况下，国家反以积贫积弱著称，形成令人相当无奈的局面。

十三、名相赵普

　　赵普，字则平，幽州蓟县（今天津蓟县）人，稍大随其父迁居洛阳。他少年时也曾想努力读书，但又有些浅尝辄止，学识有限。所以他没有走科举正途。为了能安身立命，他专门拜师学习吏事，研究为官之道，他后来能凭有限的文化水平而通达权变,跟这段时期的训练有关系。

1. 倚为左右手

　　赵匡胤随柴荣攻打淮南、镇守滁州时与赵普相识，两人均有相见恨晚之意。赵普之智很快就显现出来。比如有一次，赵匡胤部下捉住了乡民上百人，说是盗匪，要按律处斩。赵普知道了这件事，认为不可能这么多人为匪为盗。他自告奋勇出面审讯，最后发现大部分是被诬良为盗的。这次事件让赵匡胤见识了赵普的能力，即往往洞悉先机，做事周密稳重。当时，赵匡胤身边多为赳赳武夫，赵普出现后，很快受到赵匡胤的信任与倚重。

　　此时，又有一个事件加深了两人的感情。赵匡胤的父亲赵弘殷因在滁州受凉病重，而赵匡胤又无法在床前尽孝，此时赵普主动表示伺候老人养病，并要他放心。果然，赵普在服侍过程中，朝夕按时奉献药物，殷勤伺候饮食起居。赵匡胤的父母都十分感动，视赵普为同宗。杜太后一般不呼赵普的名字，而称"赵书记"。杜太后临终授命，一定要召赵普在侧，可见对他的信任程度。

赵普先后在赵匡胤手下当过推官、掌书记等机要职务，是赵匡胤的首席谋士。赵普是陈桥兵变的主要发起者之一，在辅佐赵匡胤取得帝位的过程中就立下了汗马功劳。即位

一代名相赵普

后，他担任枢密直学士，掌管枢密院，又协助新皇帝明确为政目标，理清思路。首先献计，不知不觉地更换了禁军领导人。又献抑藩、削藩的三大纲领，一举改变了五代以来藩镇跋扈、将士桀骜不驯的局面，奠定两宋三百年的基本方向与基本制度。几年后，几位老宰相去职，他顺理成章地成为一人之下万人之上的宰相。

赵匡胤作了皇帝以后，还是经常喜欢轻车简从到过去的老朋友家里喝酒、聊天，甚至有时一个人溜溜达达地就去了。其中，去的最多的还是宰相赵普家里。赵普的夫人烧得一手好菜，其中特别有滋味的是一款炙肉，可能就是一种烧烤着吃的肉，赵匡胤兄弟二人百吃不厌。赵匡胤管赵普的夫人叫"嫂嫂"，当了皇帝后，始终没有改口。每年都要有四、五次驾临赵普家，而且一进门便叫"嫂嫂"做炙肉来解馋，相当亲切随和。而赵普为了方便

接待皇帝，常常不脱官服。有一次，天下大雪，赵普估计圣上不会再来他家，就脱了官服放松，谁知赵匡胤还是来了，一时搞得他手忙脚乱。从民间流传的这对君臣朋友的故事看，他们之间相处得不错，颇有些兄弟的味道。

赵普小吏出身，读书不多，学问不高。为此，多次受到赵匡胤的警诫，有一次甚至还被满脸涂墨。他爱读书，据说是赵匡胤逼出来的。赵匡胤有一柄象牙柄水晶头的"柱斧"，他非常钟爱，"斧"不离手。虽然名贵，打起人来也很疼。他发怒时就是用这把柱斧打人，而且越是亲近的人打得越狠，也就越疼。说是为了让人长记性。乾德五年（967），北宋费了不少气力，终于平息了蜀中之乱。朝野上下松了一口气。然而，这一天却发生了一个惹人耻笑的大笑话，赵普差一点挨皇帝赵匡胤的柱斧揍。当时，君臣几个人不知道为什么谈起了年号来，赵匡胤对"乾德"这个年号相当得意，认为是一个古来未有的好年号。赵普跟着拍马屁，列举了几年来不少好事，然后归功于赵匡胤改的这个年号。

不料，与赵普关系不睦的翰林学士卢多逊却不动声色地说："可惜，乾德是伪蜀用过的年号。"赵匡胤大吃一惊，马上命人去查。结果，真是已经亡国的前蜀的年号。这一下令赵匡胤非常恼怒，招手叫赵普过来。赵普担心要挨那柱斧的揍，又不敢违抗命令，就战战兢兢地走向御案前，结果赵匡胤拿起御笔，蘸饱了墨汁，在赵普脸上就是一阵乱写乱画，弄得他脸上墨汁淋漓。一边涂，皇帝还一边骂他不学无术，比不上卢多逊。受此刺激，赵匡胤因此说：宰相要用读书人。

赵普感到奇耻大辱，整整一个晚上都不敢洗掉，直到第二天上朝。从此宰相赵普开始发愤读书。他有一个大书匣，不许别人动。人们只是看到他每天从里面拿出一本书来读，但是谁也不知道是什么书。他头天晚上秉烛苦读，第二天上午处理政事时敏捷果断，判决如流。令人称奇。经过这样的努力，他的学识、才智、口才都大见长进。后来，家里人发现，他的书箱里其实只有一部论语。宋太宗即位后，他曾向皇上表示：臣平生读书，不过一部《论语》，以半部佐太祖定天下，愿以半部为陛下治太平。这就是赵普"半部论语治天下"说法的由来。

2. 为赵普"护短"

但赵普在为人方面颇有值得商榷之处。旧史说他为人"阴刻"，就是"工于心计、计仇"，得理不饶人，丝毫不会在意是否伤害到别人的颜面。他眼光锐利，谋虑深长，也很有正义感，但只要他认为对国家大政有益的事，就会不择手段，甚至采用毒辣的手段去完成。他当政时，常常因为小事中伤别人，不像赵匡胤那么宽容，又不肯自我反省，有时难免主观。

赵普的才能及谋略的确很高，是赵匡胤创业的左右手。但他在金钱方面不很严谨，常有贪财的行为。赵匡胤对此则比较"护短"。当御史中丞雷德骧弹劾赵普强买他人宅第、聚敛财物时，赵匡胤却斥责雷德骧，以赵普是社稷之臣为由拒绝给予处分。并命侍从把他拉出去，在庭院中转了好几圈，搞得雷德骧狼狈不堪。还明令他今后不许再告这位社稷之臣。皇帝还把这个奏折拿给赵普看，表示对赵普的信任。

还有一次，赵匡胤微服出行来到赵普家，正好碰到吴越王钱俶送给赵普十瓶海产。赵匡胤问是什么？赵普说是吴国送来的海产。赵匡胤要他打开一看，却发现里面全是瓜子金（瓜形金块）。

赵普大惊，表示自己并不知情，若知道肯定退回。赵匡胤没有发火，只是笑笑说："收下吧，他们大概认为国家大事都是由你们这些书生做主吧！"

有一次，赵普和赵匡胤发生了争执，气得赵匡胤大喊，或许自己应该有个像后晋桑维翰那样能体谅皇帝心意的大臣。赵普说桑维翰很贪财，你不会用他的。但赵匡胤却明言苟用其长，必护其短。书生的胃口不大，十万贯就撑破屋子了。这个例子说明，他不太在意赵普贪财的小毛病。

《论语》书影

作为宰相，赵普为人诟病之处虽然不少，但总体上的评价也还不错。民间流传了不少他坚持原则的故事：有一天，他写了个奏折推荐一个人，赵匡胤不满意，没有任用；第二天，他又把那个奏折递上去，皇帝还是不用；第三天，他又一次上奏，皇帝大怒，把奏折撕碎扔到地上后，扬长而去。赵普在群臣众目睽睽之下，面不改色地跪下来，慢慢把奏折碎片收拾起来。第四天早晨上朝，赵普又把用糨糊粘贴好了的奏折呈了上去。这一次，宋太祖一声不响地批准了他的请求。据说他推荐的这个人工作称职，后来成了名臣。

还有一个立功者按规定应该升迁，但是，皇帝一向不喜欢这个人，就搁在那儿不批，还怒气冲冲地问赵普说："我就是不给他升迁，你能怎么样？"赵普一本正经地回答："罚恶赏功，古来通理，不是陛下一个人专有的，怎么可以凭个人的喜怒好恶来决定？"赵匡胤不听，起身离去。赵普虽不再言语，但却一步不离地跟在后面。赵匡胤进到了后宫里面，赵普就恭恭敬敬地站在宫门外，一站站了很长时间。最后，赵匡胤派人传出话来，同意那个家伙升迁。

　　赵匡胤与赵普君臣过从甚密，因此赵普能不惧任何危险，出谋划策，为赵宋江山的长治久安打下了稳固之基。

十四、收荆湖，迈出统一事业的步伐

在初步稳定国内政局之后，赵匡胤继承了柴荣的宏愿，筹谋重新开始统一事业。

1. "卧榻之旁，岂容他人鼾睡"

建隆三年（962）年底，开封城里年味渐浓，但赵匡胤却无心过年。一个下雪的晚上，他到了赵普家里。赵普妻为君臣二人烤肉暖酒，赵匡胤与赵普闲聊起来。说起面临的统一大业，他苦恼地说，现在好像睡榻之外都是外人。赵普的思路，仍是当年王朴"平边策"的路子，先南后北，先易后难，统一中国。应该说，这是一个较好的选择。此言一出，赵匡胤非常认同。

此时的南方，有南唐、南汉、吴越，以及割据在福建的漳、泉二州的陈洪进。南唐占据今长江下游以南的江苏、安徽部分，江西、福建的西部；吴越的土地不出今日浙江及上海之地及福建东北一代；南汉则以广州为都城，割据今日两广地带；陈洪进的地盘最小，也还未称国号。这几个割据的小国，以地盘而论，与大宋隔江相望的南唐最大。赵匡胤曾从后周世宗一起三征淮南，对它知根知底。虽然它在各国中实力最强，但只要宋朝愿意，拿下它全无悬念。但它与吴越钱俶早已表示了臣服，赵匡胤也就无须对它用功。

确定了统一方略之后，宋太祖即采取实际步骤，分步实施。他对北方的契丹与北汉，基本采取了守势，以保持北方边境的安定；但是首先着手解决的是南方割据政权。他选择不同时机、各个击破，逐步解决了南方统一的问题。赵匡胤首先选择下手的是盘踞荆湖地区的两个小政权。

2. 收荆湖

当时说是五代十国，实际还有些没有国号的国中之国。比如湖南也诞生了一个割据政权，最早是一个叫马殷的许州鄢陵人建立起来的，最初只有潭、邵（今湖南邵阳）两州，经过一番苦心经营发展到七个州。

湖南地区的崛起引起了南方大国南唐的注意。当时的南唐君主李璟颇有雄心壮志，他很快拿下了湖南。马氏的手下并不甘心臣服于人，他的部将刘言趁后周征伐南唐之机，又收复了湖南。但刘言的成果自己并没有享受到，经过一番苦难，最后周行逢控制了湖南。962年底，周行逢死去，政权传到他十一岁的儿子周保权手里。

周氏手下一个叫张文表的人，在周死后不久，即起兵反叛。湖南的小朝廷立时手足无措，因为他们一直向北方的中原政权称臣，所以周保权决定向赵匡胤求救。事实证明，这是典型的请大灰狼来做家庭保镖的愚昧之见。赵匡胤没有着急，他想一举解决湖南和与其相邻的荆南政权。荆南最初是在唐末由朱温手下大将荆南节度使高季兴所据。后周及宋初,荆南的传人高保融、高保勖兄弟对两个王朝一律称臣纳贡,达到"一年三入贡"的程度。在周行逢死前,高保勖就去世了,儿子高继冲袭位。赵匡胤派出了吊唁的使者,了解到荆南甲兵虽整,但兵力却不过三万人,每年虽然收成不错,但百姓却受困于高家的弊政,如果要发兵的话,拿下来应该不成问题。

赵匡胤决心通盘解决两个割据政权。他命慕容延钊为帅,统率十州军兵出征。早年的帐下谋士、现身为枢密副使的李处耘为监军,户部判官滕白为南面军前水陆转运使,供应军事行动所需的物资。

乾德元年(963)正月,帮助武安节度使周保权讨伐叛贼张文表的宋军起程出发,宋军同时向荆南高继冲发出协助宋军出征的命令。荆南君臣虽然意识到这是宋朝皇帝赵匡胤假途灭虢的诡计,但也无计可施,只好派自己的叔叔高保寅携带酒肉前去犒军。宋军监军李处耘接待了使者,荆南的人看到没有什么异常,才放下心来参加了主帅慕容延钊于当晚给他们举行的晚宴。

但宋军的数千轻骑却在李处耘的带领下直扑荆南首府江陵。在江陵城外,宋军竟然碰到了以高继冲为首的欢迎人群,李处耘对此置之不理,领兵直趋江陵。荆南就以非典型的假途灭虢方式解决了。

此时,传来了一个令人沮丧的消息。周保权紧急传信说,叛贼张文表已经被平定,不须再劳烦宋军。但请神容易送神难,宋军不仅不班师,反而带上荆南的军队,加快速度扑向了湖南。湖南人采取了全民皆兵的抵抗措施,家家关门闭户,拆毁桥梁。还将船装满石头木料,沉在关键的水路位置,堵塞了进攻宋军的通道。军情汇报回汴梁，赵匡胤给赵保权说的话是：大军已经帮助你们拯救了灾难，你们为何反过来抗拒王师，自取涂炭呢？

这实际上是发出了进攻的号令。三月初，宋军监军李处耘率领前锋先行，主帅慕容延钊殿后，从澧州（今湖南澧县）出发进攻朗州。李处耘才出澧州就碰到了湖南军队，他挥军杀过去将湖南军打得落花流水，并俘获了大批俘虏。在此地，宋军监军李处耘做出了骇人听闻的凶残之事。他在俘虏群中挑出了十几人，架起大锅将他们煮了，然后命宋军士兵当着俘虏的面将他们吃了下去。或许湖南人真的被震慑住了，三月十日，李处耘就攻进了湖南的首府朗州，斩杀了主战派张从富，抓获周保权。总计，本次出兵不过百日，且只在两天之内收服荆南，十天之内又攻破湖南，得地十七州、八十三县，人口二十三万七千户。

捷报虽然很快传到东京汴梁，但是善后的问题也很快就来了。由于李处耘的残忍无道，激起了湖南民众的公愤，各地兵民齐叛，令宋军应接不暇。还有一个极大的问题是，监军李处耘以严刑峻法对付主帅慕容延钊手下的士兵，令本来就是带病出战的主帅慕容延钊病情加重，以致病死。

赵匡胤为处理湖南问题，专门下诏赦免荆南、湖南的叛乱者，免除了两地当年的茶税及各种杂税，又免去了荆南之地夏税的一半。经过这样一番组合拳般的治理，才恢复了当地的社会秩序。

赵匡胤还将行为不法的监军李处耘贬为淄州刺史，以此为契机，赵匡胤暂时停止了出征的步伐，掀起了对节度使及藩镇、地方官府的权力进行整肃的高潮。

十七、平后蜀的遗憾

进攻后蜀还是进攻南唐，对赵匡胤来说，曾经是一个问题。以地理而论，南唐与宋隔江对峙；以财富论，南唐富庶无比。这些条件令先平南唐更符合宋朝的利益。但是南唐自李煜登基以来，对宋恭谨有礼，先征南唐竟然有些师出无名呢。在此情况下，赵匡胤把目光投到了更为偏远的后蜀。

1. 后蜀政权由来

五代时期，僻处西南的蜀地曾先后建立两个政权，即王建的前蜀和孟知祥的后蜀。唐朝末年，许州舞阳（今河南舞阳）人王建建立了前蜀，传至儿子王衍后为后唐李存勖灭亡。沙陀人在平定前蜀王衍后，派姐夫孟知祥做四川节度使。后唐明宗李嗣源去世后，李从厚与李从珂争位，孟知祥乘乱据蜀，于后唐应顺元年（934）建立了后蜀。但孟知祥称帝只有五个月当年就去世了，皇太子孟昶继位。

孟昶原名孟仁赞，字保元，邢州龙岗（今河北邢台）人，是孟知祥的第三个儿子。据说也是少有异禀，很为算命先生看重的。孟昶即位时只有 16 岁，李太后也不懂国事，政事基本由赵季良、李仁罕、赵廷隐等大臣做主。但数月之后，他就擒杀了把持着禁军，并兼职宰相的李仁罕。此举大大震慑了一批不太服从命令的大臣。昭武节度使李肇过去见孟昶，都说自己拄着拐杖无法下跪。但杀李仁罕的第二天，他见到孟昶，赶忙扔掉拐杖，伏地请安。

早年的孟昶在赵季良的辅佐下，颇有一番作为。他衣着朴素，从谏如流。在国内大兴水利，注重农桑，与民休息，很像一个中规中矩的守成之主，后蜀国势也很强盛。年轻时的孟昶也还很有进取之心。他在后晋被契丹灭亡之时，趁刘知远立足未稳，将蜀国北线国界拓展到了长安一带，虽然后来又得而复失，但是也得到了秦、成、阶、凤四州土地。

孟昶在逐渐懂事的同时，过去的辅佐之臣如赵季良等人已越来越衰老。他还施展故技，除掉了横行不法的宰相张业。孟昶开始收回权力，自掌朝政，做起了"太平天子"。但蜀地相对封闭的环境，很快令孟昶忘掉了自己的本职工作。原先励精图治的精神不见了。他开始寻欢作乐，纸醉金迷，大修宫殿，广纳宫人。每日里尽是踢球、跑马、玩女人，其奢靡日甚一日。甚至用金银珠宝装饰自己的尿盆。上行下效，当地百姓深受其害。更不幸的是，孟昶宠幸奸佞，为国家招来了灾祸。

孟昶之母李太后，对孟昶这个样子很担心，对官员的贪污腐败、官府的横征暴敛也很担忧。她警告孟昶："得天下易，守天下难，不可荒废国事、不理朝政。"孟昶却沉湎于花蕊夫人的温柔乡，对母亲的劝告左耳朵进右耳朵出，甚至后来听厌烦了，数天都不去向母亲请安。结果国事不理，国家经济渐渐凋敝，越发不堪一击了。

后蜀广政十八年（955），后周强盛，柴荣重新夺回四州地盘。

但当时的孟昶还有些不服，曾专门成立了一支精锐的部队，叫"破柴都"，准备再次与柴荣挑战，却一直未有机会。柴荣死后，蜀与宋起初各不相犯。但赵匡胤志在统一，在消灭荆南及湖南两股割据势力之后，很快将解决后蜀问题提到了议事日程上。

2. 六十六天取后蜀

后蜀国内也还有些明智之士，对孟昶的作为不以为然。宰相李昊认为应与宋朝通好纳贡，不让宋朝有寻衅的借口，保全后蜀。但孟昶身边有个叫王昭远的人，甚至比他还要自大。王昭远幼丧父母，曾做过僧人智諲的童子。后来被后蜀先主孟知祥选中去陪孟昶读书。他与孟昶一起长大，极受信任。孟昶继位后，王昭远一再升迁，竟然官升枢密使。这可是执掌蜀国军事大权的高官。很不幸，王昭远是个自大的狂徒，常自比诸葛亮。

他身边的人也对他说：大人出身寒微，做到枢密使，但却没立过什么大功，很多人心中不服。从大人角度考虑，应该与北汉联络，令他南下进攻汴梁。赵匡胤举国应战，关右空虚，我们就会拿下关右之地。立下这样的大功，蜀中人士还有谁敢轻视大人的呢？王昭远大喜，就力劝孟昶照此行事。孟昶答应之后，王昭远就派出孙遇、杨蠲、赵彦韬等人带着用蜡丸封好的密信去联络北汉。但担负重任出使的赵彦韬却直趋汴梁，将孟昶写给北汉的蜡书交给了宋朝。

得此蜡书的赵匡胤大喜，高喊："吾西讨有名矣！"原来，赵匡胤对进讨西川早有准备，他已经秘密派人进川侦察，绘制了后蜀全境的地图。他还自认为川中百姓渴盼王师。因为有一次有个回京的间谍向他反映满成都城都在吟诵朱长山的《苦热》诗：烦暑郁蒸无处避，凉风清冷几时来？他一下就笑道：这是蜀中百姓在想我去讨伐奸佞呢！不过，他却一直师出无名，现在孟昶的孟浪之举确实给了他一个极好的借口。他又根据赵彦韬的密报，擒获孙遇等人，以不杀为条件，逼迫他们报告蜀中的地理形势、军队分布及道路远近，据此制定了进军路线及作战方案。

王昭远的启衅行为，已把后蜀引向了非常危险的境地。

历代取蜀只有两条路，一条是越秦岭南下，一条是由白帝城溯江西上。四川西部是青藏高原，南部是不毛之地南中，一旦受到进攻，无处可逃，只有投降。乾德二年（964）十一月二日，赵匡胤以孟昶勾结北汉密谋犯宋为由，兵分两路，命将出征。北路以忠武节度使王全斌为西川行营凤州路都部署，侍卫步军都指挥使崔彦进为副都部署，枢密副使王仁赡为都监，统禁军步骑两万、各州士兵一万，从凤州子午谷出发，沿嘉陵江南下；东路以江宁军节度使刘光义为归州路副都部署，枢密承旨曹彬为都监，从归州溯长江沿三峡西上。两路大军共六万，分进合击，约期会师成都。

同时，赵匡胤命人在开封右掖门外南临汴水河畔为孟昶预修一座豪宅，有房屋五百多间，配置一切日常用具，房主一到就能使用。这个举措，既是对孟昶的蔑视，也是宣示志在必得。

在第二天举行的饯行宴上，赵匡胤向众将分授了四川地图，又以激将之法问王全斌等人：西川能取得否？众将领都意气风发地回应说：西川若在天上，固然不能到；若在地上，到即扫平。赵匡胤大喜，并面授机宜，要注意吸引原为北方人的蜀军来归，那些能够归降或为宋军当向导、或能供应军粮的蜀军士兵都要给以重赏；东路进攻夔州时一定要先夺取锁江浮桥，再以水陆夹攻才能成功。又厉诫三军将士不许"焚荡庐舍，驱略吏民"，违者以军法从事。最后，赵匡胤还在行前告诉北路主将王全斌：此次伐蜀，朕只要土地、人民，攻下城镇，只要兵甲粮草，钱帛全部分给有功将士。为了一举拿下四川，可谓动之以巨利了。这种奖励本为激励士气，不料后来反而出现偏差。

宋军两路齐进，取蜀战役正式开始。但在后蜀竟然没有引起什么太大的反响。孟昶以"雄才大略"的王昭远任西南行营都统，赵崇韬为都监，韩保正为招讨使，全权负责抵抗宋军。而素有"诸葛亮"之称的王昭远点兵出战，并不惊慌。他甚至对出城送行的宰相李昊大言：凭我手下三万雕面（脸上刺青）恶少年，不仅打败来犯之敌，就是取中原也易如反掌！

北路宋军的第一个目标首先是陕西境内的兴州（今陕西略阳），此为后蜀本土之外与宋接壤的前哨据点。守卫此处的是孟昶的另一个亲信韩保正，他统兵数万率先出蜀，迎击北路宋军。十二月初，战争正式开始，王全斌率军从凤州出发，直奔后蜀经营多年的兴州城。首先克平其外围据点，然后在十九日一举击败守军七千人，拿下兴州城。这次胜利最大的收获是缴获军粮四十万斛。之后，王全斌挥军急进，连下蜀军二十多个营寨。后蜀前敌主将招讨使韩保正坐拥数万精兵，却一筹莫展。闻宋军迫近，他竟直接放弃兴元城，希望逃到西县（今陕西勉县西老城）自保。王全斌则派先锋史延德一路急追，在蜀军进入西县之前追上，迫使他们在三泉（今陕西宁强县西南阳平关）背城结阵。宋军奋勇进击，不等主帅到达，即已将蜀军击溃，生擒韩保正等人，缴获军粮三十万斛。宋军一路追杀，杀敌甚众。蜀军溃退到广元的葭萌关。葭萌关雄关漫漫，飞鸟难过。三国时蜀汉大将姜维就是在此依靠天险挡住了钟会的十万征蜀大军。

溃退的蜀军又烧毁栈道，阻截宋军南下。栈道是在绝壁上凿孔架设的廊道，一旦烧毁，则无法通行，重修也极其困难。宋军要想前进，除非是插上翅膀。

此时，后蜀主帅王昭远带军到达利州。利州位于嘉陵江东岸，前有葭萌关，后有剑阁，它本身也建筑在崇山峻岭之间，是剑门天险之前的一道大鸿沟。利州城前，又有两处极其险峻的大小漫天寨两处兵营，两寨中间是穿行在深谷大峡之间的嘉陵江，过江的通道是几座悬空的木桥。

因为有几道天险存在，王昭远除了派人协守大小漫天寨，并无大的动作。王全斌则进行了各种部署：一是命部将崔彦进率军抢修栈道，进攻小漫天寨；自己率兵披荆斩棘硬是从嘉川东南的罗川小道上迂回到利州后面的深渡。崔彦进也率宋军克服了千难万险，修复了栈道攻下了小漫天寨，两军在深渡会师。宋军从嘉陵江上的木桥冲到江对岸，王昭远带兵从利州城居高临下迎击宋军，但三战皆败，只好放弃利州，退保剑门天险。十二月三十日，宋军攻下利州城，又缴获军粮八十万斛。

攻蜀前线的战报传到开封，已是天寒地冻的年底，赵匡胤异常高兴，但他想到自己身穿紫貂裘帽尚且感到寒冷，更不用说身受风霜严寒的前线将士了，即脱下随身衣帽命侍从骑快马赏给王全斌。此举令征蜀将士极为感动，誓言取得伐蜀胜利。

孟昶见蜀军节节败退，情况危急，于是命太子孟玄喆为元帅，领着上万兵马增援剑门。但临危受命的皇太子并不知道怎么打仗，出征时还带着成群的姬姜以及几十个优伶戏子，只当是游山玩水一样。他用蜀国有名的蜀锦做成旗子，临出发时天下起雨来，他又担心下雨会将旗子淋坏，就命人拆下。事后再安上时，有不少都是倒的，引起了很多成都市民的窃笑，而太子则置若罔闻。

宋军已迫近剑门关。剑门关素以天险闻名，"蜀道剑门无寸土"，其处山脉都是由秦岭延伸而来，只有一处通道，两山夹峙，状如刀剑并立。关前正面岩石壁立，寸草不生，是真正的一夫当关、万夫莫开的要隘。这也是蜀人地理上及心理上的最后防线。王全斌也没有强攻，他先命先锋史延德带军翻越山岭，经剑阁东的来苏小路渡江迂回到剑门关南，与主力夹攻剑门。史延德的宋军出其不意，出现在关南的要塞清强岭时，蜀军弃寨逃走。主将王昭远吓得只留下一个偏将守关，自己逃到剑阁以东的汉源坡，等待皇太子的援军。

不料追击的宋军很快赶到，双方开战。这时发生了更可笑的一幕，蜀军主帅、枢密使王昭远踞坐胡床指挥战斗，竟然吓得站都站不起来。接战的蜀军更是一触即溃，宋军很快占领剑州城。王昭远丢盔弃甲，逃到东川（今四川三台），躲进了一户百姓的仓库里，号啕痛哭，吟着：时来天地皆同力，运去英雄不自由。直到被宋军抓住，还哀嚎不止。后蜀主力经此战后几乎全军覆灭。

后蜀太子孟玄喆蜗牛般地行进到绵州（今四川绵阳），听说剑门已失，王昭远被捉，扔下军队就逃。一路上，他还派人四处放火，将一路经过之处，全烧成了一片焦土。

东路刘光义、曹彬所部也连战克捷，直向成都而来。东路自宋军夺得荆、湖以后，后蜀即加强了防备，在东向入川的必经之路涪州（今重庆涪陵）、泸州和戎州（今四川宜宾）等地设置了层层关卡，尤其是在奉节东面的夔州更是投下了重兵。刘光义在出征之初，兵出鄂西，势如破竹，连破三会（今重庆巫山东北）、巫山（今重庆巫山东）等蜀军营寨。歼敌上万，缴获战船两百余艘。下一个进攻目标即是夔州。

蜀军为防止宋军攻城，首先在江面上不惜工本地修了条浮桥，桥上加筑三层木栅。又在两岸列炮，严防死守。以此看来，夔州显然不是一个轻易攻取的地方。但夔州的江防特点，早就在赵匡胤的预计之内，针对蜀军江防水强陆弱的特点，他部署宋军在浮桥以下三十里外即舍船登陆，先摧毁两岸炮台，然后水陆并进，攻破守军防线。出征前他就授以锦囊，此时刘光义依计而行，一举夺占浮桥，然后上船前进到夔州城下。此次战役之重要，不在于拿下一个江防天险，还有一层意思，就是此种指挥之法，开了宋朝皇帝以阵图遥控前方战场的祖宗家法。

后蜀方面镇守夔州的是宁江节度使高彦俦，他看到宋军远来疲惫，又缺乏粮草，就主张据城死守，但监军武守谦不听，执意趁宋军立足未稳出击，结果大败。宋军前锋乘胜攻入城内，高彦俦力战不胜，纵火自焚，夔州陷落。夔州是从水路入川的锁钥，宋军在攻克夔州重地以后，所向无敌，接连攻下万州（今重庆万县）、开州（今重庆开县）、忠族（今重庆忠县）、遂州（今重庆遂宁）等地，从东路接近成都。

前方兵败如山，后方的孟昶惊慌失措。他召集大臣商议计策，老将石奉頵建议坚壁清野，固守成都，宋军远来，无法支持，就会退兵。但蜀主孟昶发现，自己父子两代以丰衣美食养兵四十年，一旦有事，竟无人可用。现在就是坚壁清野，又有谁能为国效死呢？宰相李昊则劝他放弃抵抗，向宋军投降，争取宽大处理。孟昶见大势已去，再也无计可施，便让李昊修降表率文武百官向宋军投降。李昊曾在四十年前王衍投降后唐时起草过降表，今又重操旧业，川人气愤不过，就有人趁夜在李昊门上贴上了世修降表李家，讽刺这个专修降表的专业户。

宋人洪迈在《容斋随笔》中总结过，割据巴蜀者没有超过两代的。此前，这些政权都毫无例外地只传承了两代，就是宋以后也无不如此。这样看来，后蜀的亡国也并没有什么值得悲伤的了。

后蜀自孟知祥于后唐同光三年（925）建国，享国近四十年，至此灭亡。而宋军的本次征蜀，前后只用了短短的六十六天，共得地四十六州二百四十五县，户口五十三万户。

蜀兵之败，除了四川地区独特的地理形势外，也与后蜀独享太平四十年，兵不习战，将不习兵有关。又加上孟昶信任之人都是王昭远、韩保正等宠臣，一是左右给事之人，一是素不习兵的纨绔子弟，要取得保家卫国的胜利，是绝无指望的。

反观宋朝，自赵匡胤黄袍加身后，内收兵权、抑藩镇，外拓疆土，一直在努力。君主运筹帷幄，将士用命，故能所向披靡，不断剿灭周围割据政权。在此新生力量冲击下，后蜀已无保全之理。

3. 取蜀的遗憾与教训

亡国的后主孟昶及家人、僚属，被宋军押送着顺江东下，来到汴梁，住进了那座有五百间大屋的房子。俗话说，少不入蜀，老不出川。孟昶以亡国之君出川，就更为悲壮。好在赵匡胤并未对他过分羞辱，他封孟昶为秦国公，并尊称孟母李太后为国母。得知李太后老家太原，赵匡胤还表示要在攻下北汉后，送老太太回太原。

赵 匡 胤

　　蜀军东路军都监曹彬一向为人谨慎，他认为孟昶在蜀称王三十年，而成都又距京都遥远，建议皇帝擒杀孟昶及其僚属，以防不测。但赵匡胤却不以为然，在曹彬的密报后面批上了"汝好雀儿肚肠！"可见，宋太祖赵匡胤在对待降王问题上是有极豁达的气度与充分自信的。

　　亡国之君一向是国破家亡的。当年前蜀被李存勖所派大军消灭，王衍君臣一行几千人被迁往洛阳。恰巧遇到李存勖部下造反，皇帝要御驾亲征，就下令把"王衍一行"处死，接受命令的是后唐枢密使张居翰，他于心不忍，趁着诏书墨迹未干，将"一行"改为一家。王氏一家虽被处死，但一般大臣侍卫却赖以保全。相比之下，孟昶遭遇赵匡胤，反而受到优待。

　　不过，这种宽容却并未善终。据说是因为赵匡胤看上了孟昶的宝贝妃子花蕊夫人，嫌孟昶在一旁碍事，即害死孟昶。这样，乾德三年（966）六月，历尽舟车劳顿、刚刚到达京城受封秦国公才七天的孟昶去世。孟昶死后，先葬洛阳北邙山。因为蜀人不服，甚至兴兵，宋朝为了安抚人心，把孟昶墓迁回四川。

　　孟氏家族其他人都仍然安然无恙。曾经的太子孟玄喆还受到赵匡胤的重用，担任过贝州、定州等地的地方官，最后得到善终。孟昶的几个兄弟和其他儿子也都一生富贵，获得善终。有人讲，是因为花蕊夫人的缘故，才造成了孟昶的横死。因为孟昶母子死后不久，赵匡胤就将花蕊夫人纳入宫中，极其宠爱。由此看来，这些说法或许有一定道理吧！

　　孟昶亡国破家，花蕊夫人身为一个小女子，完全无能为力。但她对蜀国男人的无能，却很瞧不起。她有一首流传已久的诗，描述后蜀亡国的景象：

君王城上树降旗，妾在深宫哪得知。

十四万人齐解甲，更无一个是男儿。

孟昶的遭遇，也令人大为感叹。人们说他是"文坛政坛，轶事多多；生前死后，屈辱连连"。他留下了中国历史上最早的一副对联：新春纳余庆，佳节号长春。赵匡胤在攻灭后蜀后，派心腹兵部侍郎吕馀庆知成都府，赵匡胤的生辰又称长春节，所以坊间普遍把孟昶的这幅春联当成蜀国灭亡的"谶语"。

后蜀六十六天就被横扫，但如何使蜀国之地平稳安定，征蜀各将并无进行认真慎重的考虑。赵匡胤自即位以来，处处抑制骄将悍卒，所以将士可说是久受压抑。此次平蜀，与将士们约法三章，不许他们焚荡庐舍，可是并未禁止抢掠，相反他将征蜀所获钱财金帛悉数赐给了西征将士。当时，只是为了一举征蜀成功而不惜啖以重利，没料想此举会成为治蜀的痼疾。

北路王全斌是个执拗忠贞的人，他轻财好士，对部下向来宽容，因此难免治军不严。此次征蜀，因有皇帝陛下的命令，就对部下更为宽松。所以蜀军所到之处，士民府库常被抢掠一空。王全斌自己当然不须街市抢掠，但他直接把后蜀国库里的十六万贯铜钱据为己有。

对于灭蜀后自己的归宿，他早就有所顾虑。进入成都时，他就曾对部下陈说过自己的担忧：听说古来将帅大多不能保全功名，现在西蜀既定，我想称病东归，或可免步前人后尘。但部将都劝他西蜀虽然平定，但盗寇尚多，没有天子的诏命，更不能轻易离去。王全斌颇为犹豫，因此日夜豪饮，不理军务。

东路刘光义的部下也有过之而无不及。他们从夔州以下都是不战而胜，所到之处，刘光义都是将府库打开，犒赏士兵。士兵们甚至一边拿钱，一边要求屠城为乐。如果不是有老成厚道的曹彬监军，可能悲剧早就上演了。

王全斌对部下的过度纵容，使得部将肆无忌惮地抢掠财物妇女，终于导致悲剧发生。他手下的将军王继涛奉命押送降君孟昶一行进京，但却作威作福，乘机勒索金帛、宫人，蜀人大怒。为了早日安定后蜀的局势，赵匡胤下令将降卒押送京城，要求每人给钱十千保证生活，暂时不迁者，发两月伙食费用。但王全斌并未遵旨行事，他"擅减其数"，克扣了降卒的路费，还纵容部曲欺压折磨降卒，以致降兵途中反叛，公推蜀将全师雄为首，抗拒宋军。王全斌对此事的处置更为失当，他派出部将刘光绪前去招抚，刘却尽杀师雄全族，抢掠其财物，又强纳其女为妾。全师雄怒不可遏，率军攻占彭州（今四川彭县），杀死守城宋军及都监。之后，全师雄自称"兴蜀大王"，置僚属、署节帅，又分兵四处出击，先后攻占灌口、新繁、青城等战略要地，屡战屡胜，很快攻至成都城下。成都附近州县纷纷响应，全师雄的人马很快扩张到十多万人，占据十七州之地。王全斌遣将进讨，却屡战不利，只能退保成都，形势十分危急。当时成都城内还有两万七千降卒，为防止他们与乱军里应外合，王全斌与手下合谋将他们骗入夹城中全部诛杀。此举令蜀人深深体会到宋军的残暴，他们殊死抵抗。赵匡胤在接到降卒反叛的消息后，又增派了兵将入川镇压。不久，王全斌在灌口大败全师雄，全师雄很快病死，但各地兵变此起彼伏，没有宁日，直到两年后宋朝才重新控制了局势。但平乱之时的肆意剿杀又令蜀、宋之间结下了深仇，川蜀地区对中央政权的归属感极差，一有风吹草动就会有起义及兵变发生。十几年后四川爆发令整个宋朝恐惧的大规模暴动，就是一例。暴动大大影响了宋朝的国力。这都是赵匡胤平蜀之失。

乾德五年（967）正月，王全斌等征蜀将帅回到开封，都监王仁赡将风波完全归罪于王全斌，虽然彻查的结果是各军均有违纪之行，但大将王全斌还是因"屠城杀降，以逞威暴"引起赵匡胤的震怒。虽然大臣们反对，但皇帝仍主张严处。因为河东及江南都未归附，若不严格处理，将不会约束住胡乱杀人的事件，从而影响统一进程。后经曹彬委婉劝谏，赵匡胤改为令王全斌退还赃物，贬官为崇义军节度使观察留后，随州安置；另一个副帅侍卫步军都指挥使、武信军节度使崔彦进贬为昭化军节度观察留后。其他有罪将官也都依例降级处罚。

开宝九年（976），宋军攻灭南唐，完成江南统一。因为接受了征蜀的教训，将事务全权委托给主帅曹彬，曹彬以仁厚著称，又很注意对副将以下诸将的约束，所以收复江南非常顺利。此时，赵匡胤特意召见了王全斌，对他表示歉意说："朕昔日因为江南未平，担心江南诸将不守法度，所以有意抑卿数年，以为朕立法。今日已经攻克金陵，所以归还卿节度使之位。"重新授王全斌武宁军节度使，又赏赐银器钱帛，以示补偿。崔彦进也于当年官复节度使之位。从赵匡胤的这个作法来看，当年他处理王全斌等人更多是作给蜀人与其后的宋朝大将们看的。曹彬在统一南唐过程中军纪严明，南唐地区也很快归于平静，与此次征蜀后赵匡胤的杀一儆百不无关系。

赵 匡 胤

十六、灭南汉，定南唐

宋太祖在平定荆、湖之后，就曾攻下过南汉的郴州，令南方诸国大为震动。南唐、吴越都表示了臣服之意。南汉是僻居广州一隅的割据政权。太祖也曾派出使者劝说南汉臣服，交出所夺占的楚国十四州地盘，但南汉主刘鋹不从。赵匡胤从在郴州俘虏的南汉内侍那里了解到南汉政治的黑暗腐败令人发指，就立誓为当地百姓解此倒悬之困。

1. 南汉诸帝的荒淫无道

南汉自刘陟（后改名刘岩、刘龑，最后名刘䶮）开始称帝，已历三代。而从刘龑开始，就是一个典型的昏君，他的口头禅是"寡人此生难成尧、舜、禹、汤，但不失为风流天子。"他在位时，几乎每年都修建宫殿，常以黄金饰顶，白银铺地。还在殿中挖沟为渠，渠底铺以珍珠美玉，又以水晶琥珀雕成日月之形，镶嵌到殿中玉柱之顶。这还不算，他晚年修建的南薰殿，更是无以复加。刘龑还嗜好滥施酷刑，古代传说中的酷刑他都一一尝试，还不停地自创一些骇人听闻的名目，并现场观看施刑过程取乐。所以，人称他为"真蛟蜃"。

刘龑的子孙为了争夺皇位，每一代都手足相残。一共有二十多个兄弟，被后面的两任皇帝杀死，有的家庭还被满门抄斩。最后得胜的刘晟也极其残暴，他的刑堂被称作"生地狱"。刘晟还极其自大，对北方政权不屑一顾。郭威代汉，派使者到南汉。临走刘晟送使者一枝当地特产的茉莉花。郭威问花叫什么名字，使者依刘晟的嘱咐，说此花叫小南强。其自大可见一斑。刘晟在公元948年时，开始对马殷创立的楚国用兵，并在与南唐李璟争锋的过程中占得上风，夺得今湖南一带十四州的土地。

刘晟死后，16岁的儿子刘鋹继位。刘鋹的资格比赵匡胤还老，他登基三年之后，赵匡胤才黄袍加身做了皇帝。刘鋹的残暴完全超过自己的父祖。为了自己的皇位，他几乎杀光了自己的兄弟。他信任权臣宦官龚澄枢，龚蛊惑他："群臣皆有家庭，所以各有私心。只有宦官无牵无挂，能为陛下忠心耿耿地效力。"从此，朝臣也都用宦官。南汉的高官们只有两个选择，要么净身为官，要么自杀。这个小朝廷的宦官多到七千人，有的位至三师三公。他的宫城左右还有离宫有数十个，房间多到了数不清，里面住着成千上万名美女。刘鋹常常成月地游幸其间。他将国政全交给龚澄枢及另一个妃子卢琼仙，自己与一个绰号"媚猪"的波斯宫女日夕鬼混。他娶了大臣李托的长女为贵妃，次女为美人。凡下诏国事都必须禀告李托。

刘鋹在修宫殿与滥施酷刑方面，也不逊乃祖。南汉国内赋敛沉重，刑罚苛酷。经过三代积累，南汉的酷刑发展到烧、煮、剔、剥，刀山剑树等门类，甚至有让罪人与虎象角斗的刑种。他的宫殿都是以珍珠、玳瑁装饰，华丽程度人间少有。最受刘鋹宠爱的是一位来自波斯国的妃子，名叫"媚猪"。这位妃子嗜好奇特，所居官殿必须用产自五百尺深海底的珍珠装饰。为此，南汉国民葬身海底者不计其数。

赵匡胤听说刘鋹的荒淫无道与"媚猪"之灭绝人性，让他感到了吊民伐罪的责任，不由叠声地说"一定要拯救这一方百姓"。开宝二年（962）六月，北征北汉归来的赵匡胤只略事休整，即再度出征。鉴于北汉有辽国的强大外援，仍令他不免投鼠忌器，所以他将目光投到了长江以南，决定首先对南汉用兵。

开宝二年（969）六月，宋太祖赵匡胤命荆湖转运使王明调集物资，准备南征。但赵匡胤并没有直接下达进攻的命令，而是先命南唐主李煜给刘鋹写信，要求他立即投降。被激怒的刘鋹回信大放厥词，极为不恭，并先出兵进攻宋朝的道州（今湖南道县）。开宝三年（970）九月，赵匡胤任命潭州防御使潘美为贺州道行营兵马都部署，担任南征主将，率潭、朗等十州兵马避开湘粤交界的骑田岭、萌渚岭等险道，直插南汉中部地区。潘美在出兵之初，就用计除去了南汉的内常侍邵廷绢。邵廷绢眼光独到，很有远见。他早就提醒，北方的宋朝崛起，早晚都要南下，南汉要么及早称臣纳贡，要么早修兵备，以待来日。刘鋹虽然当时没有反应，但却在宋乾德二年（964）以后，任命他担任招讨使，整治军备，演练人马。这支军队算是南汉的精锐，对南征军构成了一定威胁。潘美派内线告发邵廷绢谋反，刘鋹未加思索，就杀死了自己最有见识的忠臣。

潘美率军向富州（今广西钟山）进军，然后攻克白霞（今广西钟山西），直扑南汉重镇贺州（今广西贺县西）。权臣、宦官龚澄枢主动前去犒军，但并无效果。刘鋹派出梧州统领伍彦柔，率精兵万人坐船出西江，沿贺水（今贺江）北上救援。十月二十

日，抵贺州以南的南乡。在南乡，潘美设计伏击了援军，将伍彦柔的上万人，歼灭十之七八。大军直抵贺州城外。潘美还未等决策，随军转运使王明认为南汉援军很快会到，应该马上攻城。他召集自己手下的数千丁夫及以及护送辎重的士兵上百人，冲向城下。几千人七手八脚填平了城外的堑壕，直捣城门。城中守卒大惧，干脆开门投降，贺州城不战而下。

开宝三年（970）十月，潘美从贺州出发，杀数千人，攻破南汉的开建寨，生擒守将靳晖，之后又连下诏州（今广西平乐西）、桂州（今桂林），两地刺史均弃城而逃。十月末，宋朝大军又攻克了连州（今广东连县）。大军迫近南汉的门户韶关。

南汉主刘鋹对宋军此次南征的战略意图并没有搞清楚，还误认为大宋皇帝不过是对上次没有答应他的要求耿耿于怀，不过是来要回原来的楚国十四州。他乐观地估计，现在北师取之已足，不会再向南了。

但是，他还是改变主意，派出李承渥率十几万大军出征，并派出南汉特有的象军出战，支援韶关前线。

十二月末，李承渥军与潘美的军队接战。南汉军以象驮着士卒，向宋军冲锋。潘美在阵前排下拒马（一种阻马前进的路障），又安排强弓劲弩在后猛射象群。乱箭如雨，象群受伤受惊即掉头回窜，不仅"乘者皆坠"，而且冲回南汉阵中，乱踩乱踏。南汉军不只阵脚大乱，而且全军死伤几万人，余者溃散。都城已经无险可守，刘鋹开始在韶关与兴王府之间的马迳（今广州北马鞍山）筑垒挖壕，以期修建一座能挡住潘美大军的长城。

开宝四年正月，潘美自韶关向前推进，一路攻克雄州（今广东南雄）、英州（今广东英德）。刘鋹命郭崇岳为招讨使，率领南汉最后的六万大军增援马迳。此次派出的守将并非什么名将，而是北汉宫中梁姓宫女的儿子。郭崇岳并无统兵的谋略与勇气，抵达前线后，他只是在堑壕与堡垒之间加筑了一道木栅。然后，就专心跪拜祈祷，以求神佑。至此，这场战争的结局，已经"不打自明"。

刘鋹第一次感到无助，他派出使者向潘美求和。潘美扣留了使者，穿过马迳前面一片地形复杂的地带，来到马迳外围。此地离兴王府只有百多里路，拿下都城指日可待。

南汉主刘鋹眼见事情不妙，悄悄命太监乐范将自己最喜欢的妃嫔和珍宝运到海边，装上了十几条大海船，随时准备逃亡。但等到兵败如山倒，他决定逃走时，才发现乐范已经带着全体海船走得无影无踪。

刘鋹派出使者向潘美请降，潘美没有回复，并把使者直接派人押送开封。他只好督促郭崇岳认真备战，并另拼凑了一些杂七杂八的军队来支援。但不会打仗的郭崇岳根本不敢应战。老将丁植廷主动请缨出战，身死军败。吓得郭崇岳只得牢牢地困守栅栏。宋军发现南汉军的弱点，于当夜摸营，并火烧了用竹编成的栅栏，踏破南汉军营。主将郭崇岳战死，南汉最后一只生力军被彻底歼灭。

宋军连夜向兴王府进发，南汉君臣束手无策，决定放火焚毁宫室、府库，潘美只得到一座空城。他派人将被俘的刘鋹君臣押送开封，由赵匡胤亲自发落。这场战争进行得相当顺利，从开宝三年（970）九月到第二年正月，五个月时间就宣告结束。宋军灭掉南汉，夺得了两广与湖南一带的六十州二百四十县的大片领土，重要的是还在战略上对南唐形成了包围。

开宝四年（971）五月，宋太祖在太庙接受刘鋹的投降后，还专门在明德门前历数南汉君臣之罪，将罪行昭彰的南汉大臣龚澄枢等斩首，赦免刘鋹。后刘鋹被授为右千牛卫大将军，封恩赦侯。

刘鋹在位时，经常用毒酒赐死大臣，到汴梁后，有次宋太祖赵匡胤在讲武殿宴请群臣，刘鋹先到，赵匡胤随手就将一杯酒赏赐给他，吓坏了刘鋹，忙伏地辩白。赵匡胤明白了原因，说朕推赤心待人，怎么会做此勾当？命侍从将酒杯拿来，自己将酒一饮而尽，又另赏一杯给刘鋹。刘鋹吓得叩头请罪。刘鋹很快适应了自己的角色转换，还不断以自轻自贱式的诙谐取悦于宋太祖及太宗，故得善终。

赵匡胤在短短十年内，就吞并了荆、湖，灭亡了后蜀，其实际效率比无岁不征的周世宗柴荣还要快。

2. 定南唐

由于传统的大一统思想及战略生存的需要，自奉为正统的中原王朝从来不会容许独立的江南政权的存在。从后周显德三年（956）起，柴荣连续三征淮南，最终拿下淮南十四州和南唐隔江对峙。李璟再无能力与柴荣较量，转而委曲求全。南唐向后周称臣，割让淮南十四州，岁贡百万；放弃自己的帝号和年号，自称国主，奉周朝正朔。

从杨行密横行江东以来，淮南一直是吴国的根基，淮河防线保障了这个割据政权的北境的安全。中原政权要对江东政权下手，首先要解决的就是淮南防线问题，很多入侵者往往在这里就折戟沉沙，因此放弃野心，江东也得以保全。李璟失去淮南，意味着南唐政权的覆灭为时不远了。

建隆元年（960）正月，刚刚通过兵变接手后周天下的赵匡胤立足未稳，主动释放了周世宗征淮南时俘获的唐将周成等人。南唐国主李璟见赵匡胤称帝，北方易主，心怀疑虑，不知新政权会对江东什么态度，见此急忙遣使送金帛祝贺。赵匡胤平定地方节度使李筠、李重进的反叛，李璟又派人送礼祝贺并犒师，还派皇子李从镒到扬州觐见太祖赵匡胤。

宋太祖即位后一直对南方的威胁不敢掉以轻心。亲征扬州成功后，他曾有乘胜渡江之意，就率领宋军在长江中练习水战，此举吓坏了南唐君臣。两位地方官员杜著、薛良叛逃降宋，但赵匡胤经过考虑，认为时机还不成熟，就以不忠的罪名将杜著斩首，以示两国友好，宋朝无意侵吞江南。李璟吓得派使表示愿以对待后周的礼节侍奉宋朝，每年进献贡物若干。可见，李璟只求相安无事，已无法顾及尊严。

面对大宋咄咄逼人的气势，李璟已经丧胆，宋建隆二年（961），他决定迁都南昌，以避其锋。李璟临走前，立吴王李煜为太子，留守金陵，从此把一介文弱书生推到了大浪滔天的政治舞台。但与金陵相比，南昌地势偏远，经济落后，根本不合都城的标准，群臣颇有怨言，都有思归之意。李璟也很后悔，想迁都又怕赵匡胤对他不利。心情郁闷，茶饭不思，致染上重病。他知道赵匡胤的抱负不在柴荣之下，早晚要下江南，也许早点死去会免去更多的耻辱。建隆二年（961）六月，李璟开始绝食，每天只喝点清水，几日后就在南昌病死，年仅四十六岁。李璟屈尊于柴荣，不惜颜面，目的是让柴荣放他一马。他并未与赵匡胤有过直接交手，他算是被新登基的宋朝皇帝吓死的。

李璟死后，李煜直接在金陵即位，改名李从嘉。得到赵匡胤的恩准，尊父亲李璟为元宗。此后南唐面临的形势更加凶险，他也只能步其父的后尘，一直在宋朝面前奴颜婢膝，以求苟延残喘。其实，不这样做也没办法，因为北方的天朝一生气，随时可能踏平江南和取他这位国主的性命。李煜对赵匡胤执礼甚恭。如建隆二年（961年），他派户部尚书冯延鲁给宋朝送了一份金器两千两、银器两万两、锦帛三万匹的厚礼。并附上非常谦逊的一封信，说自己本想效法上古的"巢、许，夷、齐"，但兄弟多夭，所以只得勉为其难。

赵匡胤知李煜并非对手，所以也不太在意，但他听说李煜在金陵建了金鸡，非常生气。金鸡是只有皇帝才有资格修建的，并非寻常之物。李煜的僭越就是对皇帝的不敬。南唐的进奏史陆昭符担心赵匡胤生气，请他不要相信传言，那根本不是什么金鸡，而是一只说不上名字的杂鸟。并表示南唐作为臣下，不敢作这些僭越之举。赵匡胤这才假装没事，不再追究，李煜暂时逃过大劫。实际上，并不是赵匡胤特别宽容，只是消灭南唐的最佳时机并未到来。

其时，南方还有数个割据政权，长江上游还有割据称王四十年的后蜀。一般来说，中原王朝要拿下长江中下游的割据政权，都要先取巴蜀。灭了成都孟昶，南唐就再无生存之理了。

但李煜并没有充分利用好宋太祖赵匡胤收拾其他诸侯的时候精兵强政，反而将主要精力放在了其"文学家"之任上。李煜是一位天才的文学艺术家，向来被尊为中国文学史上的一代词宗，为中国文学史留下了绝对辉煌的篇章。他的书法也颇有名。不过，作为一位政治领袖，他又是个绝对低能、弱智，看不出任何政治智慧与才能的可怜虫。在政治上无所作为，又在生活上奢靡放纵，他先后宠幸大、小周后，还给中国的女人们发明了三寸金莲。不过，当时李煜只是为了一饱眼福，让宠爱的宫女窈娘用锦帛裹脚在金子打制的莲花上翘着脚尖跳舞。当然，李煜也没有想到，他这项古怪的个人爱好竟成为以后上千年中国妇女的苦难。

李煜花天酒地之时，赵匡胤正在开封励精图治。乾德元年（963），他派李处耘灭掉荆南高继冲；当年三月，李处耘军又收复湖南，生擒周保权。乾德三年（965）正月，王全斌等将领又攻入成都，逼迫蜀后主孟昶出降。江南割据政权中只剩下了南汉刘鋹、吴越钱俶以及割据漳、泉的陈洪进。开宝四年（971），赵匡胤又派大将潘美出征，消灭了割据两广近六十年的南汉政权。李煜在宋军发兵攻打南汉之前，写信给南汉主刘鋹，劝说他早日投降。但随着其他割据政权依次被灭亡，赵匡胤也开始对南唐强硬起来，不再那么友好。

当年十月，赵匡胤开始在长江上游的汉阳（今湖北武汉）囤积了重兵，并打造战船，作出东下的姿态。

李煜再无政治敏感，也看出赵匡胤来者不善。他派出七弟李从善带着大批贡品到开封朝贺，这一次，南唐自去大唐国号，降为"江南国主"，一应皇家气象，尽数贬损。改中书、门下二省为左右内史府，尚书省为司会府，御史台改成司宪府，翰林院为文馆，枢密院改称光政院，大理寺为详刑院。于是，赵匡胤召回了屯在汉阳的军队，南唐又苟延残喘了三年。

李煜还曾派人贿赂赵普，送的礼物是白银五万两。赵普不敢要，他向皇帝做了汇报。没想到赵匡胤要他收下，并要他回信对李煜表示感谢，还要他拿钱犒赏送礼的使者。赵普不明所以，赵匡胤还批评他小家子样，嘱他收下，不要失了大国之体，否则李煜会胡乱揣测。赵普于是收下了李煜的礼物。但之后南唐使者再来朝贺时，赵匡胤在正常的赏赐之外，还多给了些金子，正好值白银五万两。李煜一看，心知肚明，再也不敢做这些小动作了。

李煜如此没有骨气，令朝中的忠义之士扼腕奋起。南都留守林仁肇是南唐最能打仗的将领。他向李煜建议趁宋朝主力多在西线，淮南守军不多之机，亲自带兵过江收复淮南，之后选贤任能，增强国力，赵匡胤一定不敢南犯。事成，由皇帝坐享其成，事败以族其三族为搪塞。后世史家及研究者都认为：林仁肇的出奇之策虽然是剑走偏锋，但是也有成功的可能。但李煜无此胆量与勇气，他彻底地拒绝了林仁肇。只希望能苟安残喘，过一天算一天。

其时，就实力来说，南唐无论从疆域到人口到军力均已远处下风。如疆域，南唐只占有长江以南中下游地区和江西。从地缘上看，宋已从北、西、南三面完成了对它的包围。不只三面宋军都虎视眈眈，而且东面的吴越与泉州也均已向宋朝臣服，一旦战事发生，都能履行助剿的任务。南唐可谓四面受敌。

更为关键的一个因素是，和李煜相比，宋太祖赵匡胤无论在政治上还是军事上，都是一个巨人，双方完全不在一个等级上。如在林仁肇问题上李煜就完全被赵匡胤玩弄于股掌。

赵匡胤早就风闻林仁肇的大名，知道其能力不在曹彬之下，李煜要信用林仁肇，就会迟滞自己的统一大计。因此，必须除掉这位劲敌。他派了一个画师到江南去偷觑了林仁肇的真容，然后图画成形，并把它置于宫中。然后，他故意让被扣留在汴梁的李煜之弟李从善看到。从善大惊说，这不是林仁肇吗？然后赵匡胤就说他早已归附宋朝，已经为他准备了一所豪宅。李从善也是毫无政治头脑的人，很快把此消息反馈回金陵，报告林仁肇已经变节。李煜对此消息完全没有分析，再加上朝中执掌军权的是林仁肇的两个对手，他们乘机说林的坏话，李煜就下毒毒死了林仁肇，自毁长城。李煜成为阶下囚后，曾后悔杀了林仁肇，但已悔之晚矣。

另一个有见识的官员是卢绛，他身任南朝的枢密院承旨及沿江巡检。他认为吴越是南唐的世仇，宋朝一旦起兵，它一定是帮凶。出手灭掉吴越，既除掉了后患，也会增强实力。因此他建议李煜谎称南唐宣州（今安徽宣城）、歙州（今安徽歙歙县）有叛乱，向吴越借兵平叛。吴越人贪利，必然出兵。在吴越出兵时，截断其后路，然后由自己领兵直取杭州，一战灭掉吴越。但是可想而知，李煜绝无此兴趣与胆量。可以说，南唐一步步地放弃了最后的生存机会。

李煜当政十多年来，对外屈膝，对内享受。朝中在职的多是些尸位素餐的弄臣，国势已经不可逆转。内史舍人潘佑对此痛心疾首，上疏大骂李煜："过去夏桀殷纣吴孙皓自取灭亡，为史所笑。现在陛下还不如他们，臣不愿和朝中那些畜生共事，更不愿意侍奉陛下这个亡国昏君！"李煜见疏大怒，派人去拿潘佑。潘佑早知道自己会有此结局，痛哭一场，然后自刎身亡。

潘佑在奏疏中不仅臭骂皇帝，还连带把大臣也都骂了个遍，只认为司农卿李平材堪大用，希望李煜能让李平当尚书令。众人就将怒火发向了李平，诋毁李平与潘佑结党营私，李煜便把李平投到狱中并赐死。

但不管李煜如何小心，赵匡胤既定的统一政策不会改变。他等待的只是条件具备以及一个合适的理由而已。一俟准备完成，赵匡胤就会毫不犹豫地发动灭南唐的战争。

开宝六年（973）四月，赵匡胤派翰林学士卢多逊以贺寿为名出使金陵，探探江南形势。卢多逊为人"狡黠"，先要出手段糊弄李煜，说什么只要李煜好好侍奉大宋便相安无事。李煜居然信他这个，卢多逊回去前，忽然对李煜说朝廷正在准备重修天下图志，只缺江南十九州的资料，请李煜提供方便。李煜并没考虑卢多逊要干什么，便同意了，将境内所辖十九州的户籍资料甚至军队分布图都给了卢多逊。得手后的卢多逊感到李煜真是无可救药。卢多逊知道皇上统一天下的心意果决，回到汴梁他把弄到手的机密资料交给赵匡胤，极力怂恿赵匡胤出兵江南。此次出使，也使卢多逊的深谋远虑及政治才干受到赵匡胤重视，不久，他就被擢任为参知政事。后卢多逊在围攻金陵的关键时期想法说服赵匡胤中止休战计划，为一举统一江南立下了汗马功劳。

不过赵匡胤有一点担心，因为江东立国依靠长江天堑自守近百年。从四百年前隋文帝杨坚过江灭陈到现在，没有大规模发动渡江战役的先例，赵匡胤对北方军队能否顺利渡江心存疑虑。

开宝七年（974）七月，南唐有一个叫樊若水的书生前来投奔赵匡胤。樊若水本来也想为李煜做事，可考了几回试，全都名落孙山了。樊若水不甘心大好年华就这样浪费掉了，就跑到长江边上采石（今安徽当涂北）附近打着"休闲钓鱼"的幌子架着小船在长江沿岸来回丈量，把沿岸水势深浅画成了一张水文图，作为见面礼献给了赵匡胤，并献架浮桥渡江攻取江南之策。长江江阔水深，自古未有建浮桥之事，但赵匡胤眼光独到，力排众议，采纳此策，并在开宝七年（974）七月下令在荆湖秘密建造大舰及黑龙战船，为修建浮桥预作准备。

至此，赵匡胤感到出兵消灭李煜的时机已经成熟，不过出师总要有点借口，"名不正则言不顺，言不顺则事不成。"赵匡胤于是派知制诰李穆来到金陵，让李煜去开封朝见大宋皇帝，"以慰念想"。而暗地里已经命令吴越王钱俶出兵配合宋军，颍州团练使曹翰率军进驻荆南，开封等地宋军也已待命。

李煜当然知道觐见的后果。他虽然臣服于赵匡胤，但条件是继续做江南国主，如果跟李穆去了开封，估计就得老死开封了。他的弟弟李从善就是赴京例行上贡没有回来的。所以，赵匡胤一邀请，李煜即推托自己得了大病，不能出门远行，以后再去。又听从大臣陈乔、张洎的建议，在长江中下游南岸各要地驻军，尤其以京城外围的湖口、润州（今镇江）、升州（即金陵）为重点，拱卫京城。企图固守坚城以老宋师，让宋军知难而退。李煜还给钱俶去信，告以唇亡齿寒的道理，说"今日无我，明日岂有君！"，但李煜此举，并无什么反响，只因钱俶的爷爷钱镠临终前一再谆谆告诫后代要善事中国，勿以易姓废事大之礼！自此以后，吴越遵守祖宗的遗言已历数代。宰相沈虎子曾警告南唐灭亡的后果，但钱俶却不肯听，恭敬地听命于赵匡胤，出兵配合攻打南唐。

李煜作了以上战争准备，又增加了一些底气。他在低声下气之余，也不免口出恶声。对来使说："臣事大宋恭敬，原为保全祖宗社稷，如此相逼，不如一死！"李穆早就知道李煜会这么说，高兴地回去复命。

李煜"倔强不朝"，屡拒征召，这就是赵匡胤出兵的机会和名义，宋太祖决心出兵讨伐。

开宝七年（974）九月，下诏山南东道节度使潘美、颍州团练使曹翰、侍卫马步军都虞侯刘遇从江陵出水师沿江东下，义成军节度使曹彬、侍卫马军都虞侯李汉琼等人麾师南进。并命令吴越王钱俶出兵从东线攻击南唐的常州和润州，牵扯南唐主力。总计此次南伐共出动大军十五万，战船数千艘，兵分五路攻向南唐。赵匡胤对王全斌当年在平蜀之际军纪不严、杀俘勒民记忆犹新，所以行前再三叮嘱曹彬，破城之日，不许杀戮！并将自己的宝剑交给曹彬，授命他副将以下不听命者斩。此言一出，连副将潘美都大惊失色。

十月，各路大军开始行动。曹彬率军从荆南乘战舰东下，未及南唐军队反应，即冲过湖口。后又一路击败南唐军有限的抵抗，直抵采石矶。采石是长江下游的重要渡口，金陵西南的门户。在陆上，南唐的池州守将发现宋军到来后依常例大开城门，以牛酒欢迎宋军的到来，等到守将明白这次宋军不怀好意时，已经晚了，池州稀里糊涂丢掉了。

此时，李煜还在幻想只要出点钱就能让赵匡胤收手，派八弟江国公李从镒带着白金二十万两、锦帛二十万匹前去讲和。但李从镒那边还不见消息，宋军已经攻破池州（今安徽贵池）长驱直进。李煜见求和无望，只得应战。他在国中废去开宝年号，调兵防御。还慷慨激昂地对臣下说道："等宋师来战，孤自披甲执刃，督奖三军，和宋师死战，或许一胜，保全社稷。"

宋军曹彬、李汉琼部在采石矶（今安徽马鞍山），准备用船搭建浮桥过江。李煜听说这个情报，根本不相信，问中书舍人张洎是不是真有其事？张洎也不相信，便说："从来没听说过长江能建浮梁的，肯定是军中讹言，陛下不必害怕。"李煜认为曹彬是痴人说梦，这才放心。哪知道赵匡胤在得到南唐人樊若水精确的水文资料后，早就有所准备。宋军在荆湖一带造好了黑龙船数千只，然后以船载竹木绳索，一路顺流南而下。曹彬又在与采石水文条件相仿的地方试架浮桥，成功后移往采石。在采石，只用了三天，曹彬就在江上建成了一座横跨南北的浮桥。赵匡胤在此次收复江南战斗中，首创在长江下游架设浮桥进行渡江作战的战略构想，并一举取得成功。相反，南唐主李煜过分依赖长江天险，丧失了主动出击进行反击的作战良机，造成局面的被动。

潘美率领着步兵从浮桥通过，进入江南。随之大败南唐军，俘虏南唐兵马都监孙震，南唐军主力两万余人被全歼。到开宝八年（975）正月，宋军直达秦淮河畔，开始攻打秦淮河外围守军。金陵直接暴露在宋军的攻击范围之内，宋军待要发起攻击，可是舟楫未备。宋将潘美等得不耐烦，说是岂能因这一衣带水阻挡就不渡河了？就争先下河涉水向敌阵扑去，宋军个个不甘落后，冲上岸去，南唐军阵脚大乱。大将李汉琼也率所部渡过秦淮河。守护秦淮河的南唐守军大败，退入金陵城中。不久，宋军又攻克金陵的外关城，对金陵城形成了三面包围之势。

李煜仍不在意，把政事全交给陈乔、张洎，城防交给一个纨绔子弟皇甫勋，只管在后苑中与僧道诵经说易，宋军围城数月，他都不知。皇甫勋是个怕死鬼，大敌当前，只顾散布悲观论调，还偷偷派自己的儿子到宋营议和。到五月份，他上城巡视时，发现城外宋军铺天盖野，这才得知实情，明白亡国已在眼前。李煜怒杀皇甫勋，急召神卫军都虞侯朱令赟从上游增援，并派兵增援润州。不过，他还对赵匡胤抱有幻想，想给皇帝认个错，皇帝能收兵回去，自己继续当"儿皇帝"，于是派吏部尚书徐铉去汴梁哀求赵匡胤罢兵。

七月，因为江南酷热，宋军屯兵坚城之下，水土不服，军中时有疫情发生。赵匡胤遂有暂时撤兵休整，待到秋凉之时再启战争的想法。于是派遣使臣与此前出使开封被扣的李煜之弟李从镒一起回金陵，劝说李煜投降。参知政事卢多逊无法说服赵匡胤改变成见，就设法让知扬州侯陟报告金陵城已危在旦夕的情况。侯陟建议皇上立刻攻取金陵，若自己有误，请皇上诛他三族。赵匡胤于是改变罢兵休整的计划，转而调兵增援围城的宋军。

此时的李煜苦盼江上的援军，但南唐大将朱令赟受到宋西路军的牵制，唯恐离开湖口以后被断绝后路，所以迟迟不敢东进。李煜已竭尽全力，几乎将境内所有能当兵的男子都征召入伍，没有兵甲武器，就用农具和纸糊代替，号称"白甲军"。此时，与金陵成掎角之势的润州也被攻克常州后赶来的吴越军与从扬州赶来的宋军包围，守将坚持到九月，开门投降。取胜后的宋军迅速赶到金陵城下，与宋军主力会合。

只有一线指望的李煜又在赵匡胤的劝降使者回程之际派徐铉前去求和。风餐露宿的徐铉赶到汴梁求见赵匡胤，伏地哭求赵匡胤，给李家留条血脉。徐铉说："李煜侍朕如父，未有过失！"赵匡胤则慢慢说道："你说父子能分为两家吗？"徐铉想不到赵匡胤会有这样的话，无法回答，怏怏而还。

开宝八年（975）十月，在李煜的一再催促下，朱令赟率南唐最后的精锐，号称十五万，前来摧毁采石矶浮梁。屯驻独树口（今安徽安庆）的宋军王明部发现朱军的动向后，立即向赵匡胤奏报，请求增援。但赵匡胤认为朱令赟很快就会到金陵，宋军就得解围。增援缓不济急，只能采取应急措施。他让使者传令让王明在洲浦之间竖立船桅状的木头，作为疑兵。朱令赟前进途中，发现前面樯桅如云，不敢再轻易前进。初冬时节，长江水位下降，不利航行，南唐军的大舰行动迟缓。在皖口（今安徽安庆西的皖水入江口），遇到曹彬闻讯派来阻击的刘遇部。双方接战后，南唐军向江中倒下大量桐油，然后引燃，准备火烧宋军。大火熊熊而来，吓坏了宋军将士，但没想到风向突变，南风变北风，烧死南唐军无数，朱令赟也死在大火中。南唐最后一支生力军被消灭，金陵城破已在指日之间。

陷入绝境的李煜只能让风尘仆仆刚刚返回金陵的徐铉再次出使开封。徐铉急了，大声质问赵匡胤："李煜何罪?! 陛下如此逼人?!"赵匡胤毫不掩饰地对徐铉说："是! 李煜侍朕如父，本来无罪。但现在天下即将一统，李煜仍割据江东，朕为天下百姓计，必须要过江。何况，卧榻之侧，岂容他人酣睡!"此言一出，徐铉再能言善辩，也只能缄默无语。

攻城的宋军分成三寨，潘美驻防城北，把营寨图报告了皇上。赵匡胤一看，即要求城北要深沟高垒，因为南唐军必定会出兵夜袭。不久，南唐军果然派出五千人趁夜出击北寨，宋军早有准备，全歼了来袭之敌。南唐军大败，死伤惨重，其中佩戴将帅军印者就有十多人。此后，南唐军再无还手之力。

曹彬自率宋军围城以后，遵循太祖赵匡胤不要着急，让他们自己归顺的指示，没有急于攻城，一直采用围城的办法来迫使李煜投降。直到金陵城经长期围困，士民死伤严重，物资奇缺，实在无力支撑。

曹彬决定攻城，就先礼后兵，派人入城给李煜下了一道最后通牒："金陵你是绝对守不住的，还是早点识相，不然大军一入，后果自负!"并明确宣告开宝八年（975）十一月二十七日发起总攻。李煜告诉曹彬准备让大儿子清源郡公李仲寓前去汴梁投降。曹彬等了几日也没动静，又派人去催，说不必麻烦天子，只要清源郡公到宋军大寨，就停止攻城。

李煜有些犹豫，中书舍人张洎劝李煜："金陵城固若金汤，宋军打不进来的。"李煜听信了张洎的大话，以李仲寓还没挑好衣服为由拒绝了曹彬。

曹彬气极，准备攻城。因为赵匡胤已多次派使者来传话，严令宋军入城时不得杀掠，以保存江南财富，但曹彬却一直担心将士不听约束，于是在二十五日这天称病，并对探视他的众将说：我这个病不是药能治的，必须众将一起立誓，破城之日不妄杀一人，才会好。众将答应，曹彬就与他们一起焚香，共同起誓。这就是曹彬"焚香立誓"的故事。事后，曹彬即起来布置攻城事宜。金陵城孤立无援，城内又没多少军队，哪是宋军的对手，当下宋军攻进城中。

南唐群臣有的投降，有的自尽殉国。右内史侍郎陈乔约定和张洎一起自杀殉国。宋军即将入城，陈乔和张洎来到宫中见李煜，陈乔伏地痛哭："臣有罪！主辱臣死，臣不敢苟活世间。请陛下杀臣，宋主要问，陛下就说是臣小人误国，宋主必不深责陛下。"李煜长叹说："算了吧，国亡在即，至于日后生死，非此时所能知，你就算死了，也无济国事，再想他法吧。"陈乔已抱死志，号哭一场，上吊自杀。陈乔确实是个忠臣，但可惜李煜不辨忠奸，致使国势若此。张洎不想殉国，就说李煜肯定要去汴梁见宋朝皇帝，恐怕身边没人打理，没有自杀。

因赵匡胤事先反复交代曹彬，不许将士在金陵中掠劫，并善待李煜一族。曹彬又与众将焚香为誓，所以入城后，秋毫无犯。宋军列队来到内城外，请李煜出城。李煜本想自焚殉国，准备了一大堆木柴在宫中，但思前想后，没有自杀的勇气，最后还是决

赵匡胤

定出降。开宝八年（975）十一月底，率领群臣开门，素服出降。

曹彬对李煜生气，李煜下拜时，他借口身有重甲不方便，不给李煜还礼。但曹彬告诉李煜："君入朝后，岁赐俸禄有限，怕不够你们家支用。君可回宫，多带点钱财，以备日后之用。"李煜表示谢意后，就着人回宫打点财物。阁门使梁迥见此大惊，担心李煜回宫后自杀。曹彬大笑，没有说话。梁迥再三询问，曹彬说："李煜为人庸弱，今日既然出降，说明他仍有贪生之心，怎么可能自杀呢？会回来的。"果然李煜没有自杀。

宋开宝九年（976）正月，曹彬奉赵匡胤之命，令李煜打点行装，去汴梁面圣请罪。李煜哭拜了列祖列宗，然后带着小周后等家族成员以及被俘的文武百官启程北上。

南唐灭亡，留下了后主李煜的悲剧，令人感慨了上千年。作为文人，他是一代词宗，但作为"政治家"，他昏聩糊涂，终于丧国亡家。所谓"四十年来家国，三千里地山河"，都只能梦中相见了。南唐自烈祖李昇开国，到李煜素服出降，共存在了三十八年。宋朝全盘接收了富庶的江南，共得十九州、三军、一百八十县。

宋开宝九年（976）正月，李煜一行南唐遗民乘舟来到汴梁。在受俘仪式，赵匡胤大陈甲兵，亲临明德门接受李煜的请罪。念李煜从即位起就执礼甚恭，无大过犯，赵匡胤没有让李煜跟南汉皇帝刘鋹受俘一样，受尽羞辱，只是让李煜等人白衣在明德门下待罪。赵匡胤俯身发问："下面站着的可是江南国主？"李煜见左右卫士持刃而立，吓得跪在地上发抖，无言以对。赵匡胤知道李煜无用，转而厉声责问徐铉："李煜有今日，汝不得辞其责！为何不劝李煜早入朝，以致刀兵齐发，百姓受苦！"徐铉向来以铜牙铁齿著称，大声答道："臣为江南臣子，自当忠心侍主，今日国亡，臣当死罪，请陛下诛臣以谢江南士民。"赵匡胤见他如此硬挺，笑说："汝真忠臣也，以后事朕也要象像对李煜那样。"

赵匡胤闻知张洎劝李煜不降，又斥责张洎说："不是你劝李煜死守，李煜也不会有今日之辱。"说完还把张洎准备召援兵的蜡书丢到张洎脚下。张洎吓得大汗淋漓，顿首哭道："此书是臣所写，但臣彼时尚事李氏，所谓忠犬不吠其主。今若得死，臣之幸也。"张洎请死是假，不然早在破城时就自缢殉国了。赵匡胤苦笑一下，也不再计较。又把安慰徐铉的话讲给张洎听。又数落李煜几句，赵匡胤封他为"违命侯"、右千牛卫上将军。李煜这辈子擅长的是舞文弄墨、诵经念佛，最不擅长的就是打仗，赵匡胤却硬是封他为将军。

赵匡胤善待降王是出了名的，所以终赵匡胤之世，李煜还能过着安稳日子。如果李煜就这样终死汴梁城，那么李煜的人生还谈不上什么悲剧。赵光义当上皇帝后，李煜的噩梦才开始。

李煜在汴梁生不如死，忍受着亡国辱妻的痛苦，郁郁寡欢。伤心眼下的屈辱岁月，怀念起从前的时光，写下了许多凄凉悲伤、断人心肠的词作。李煜明目张胆地怀念故国，触犯大忌。太平兴国三年（978）七月初四，正值七夕，也是李煜的四十二岁生日。李煜喝下皇帝赵光义派人送来的一瓶好酒，不久腹痛死去。赵光义送给李煜的当然不是什么佳酿，而是一瓶牵机药，也就是中药马钱子，喝下这种毒药的人，都会在剧痛中死去。

南唐后主、大宋"陇西郡公"李煜，"薨"于汴梁。死讯传来，赵光义辍朝三日，追赠李煜太师、吴王，葬在洛阳北邙山。小周后哭了数日，在丈夫灵前自尽。

李煜之死，千年之后留下的仍是令人感伤不已的故事。

十七、三征北汉与未能收复燕云十六州

北汉是大宋朝建立以来最难对付的敌人之一。就其版图来说，它偏居今山西太原一带，地狭民贫，仅有十一州，人口也不多。可是此地民风剽悍，城坚地险。当年，英姿勃发的柴荣在与北汉军的对垒中也未沾到便宜。还幸亏赵匡胤拼死力出战，才挽救了危局。这个老对手几次触怒赵匡胤，从李筠到割据四川的孟昶，都曾暗中联络它寻求支持。所以赵匡胤非常想先拔除这个眼中钉。

1. 三征北汉

建隆元年（960）七月，赵匡胤曾想借消灭叛军李筠部的东风，乘势拿下支持李筠的北汉，但因受到老将张永德的阻拦与劝说，只得作罢。张永德的建议是多派游兵、骚扰农事；派间谍离间它与契丹之间的关系，截断其外援。但总起来说，由于先南后北及先易后难政策的执行，此后赵匡胤在北方一直采取了守势，只不过时不时地派遣兵马攻击北汉营寨，骚扰、破坏对方的耕作，消耗对方的力量，还采取防御北汉兵南下的措施，以保宋朝的国家安全。

时光进入开宝元年（968），赵匡胤已经在几年的范围内，统一了绝大部分中原、一小半江南和整个西蜀。现在，有一个机会可以助他拿下北汉。

北汉皇帝刘钧本有十个儿子，但他死后却是由养子、实际是他的外甥刘继恩继位。赵匡胤终于决定以为死去的刘钧讨还公道的名义，火速起兵，讨伐北汉。

赵匡胤命令距离北汉最近的昭义军节度使李继勋为河东行营前军都部署，侍卫步军都指挥使党进为副都部署，宣徽南院使曹彬为都监，他统率的是河东诸州精兵。宋军从潞州和汾州两路北征，目标就是北汉的首都太原。

赵匡胤给北征将领的指示是不惜一切代价迅速攻到太原城下，到时会有出人意料的收获。而在行动开始前，连问都不许问为什么要这么做。李继勋等人即展开进攻，连克北汉军寨，直到夺取了汾河桥，来到太原城下。并且立刻攻城，先把延夏门给放火烧掉了。之后，还是攻城。

但实际上机会已经失去。刘钧是七月份死的，赵匡胤八月份决定北伐，九月份李继勋等人攻到了太原城下。

但北汉形势又发生了巨大的变化，刘继恩已经被他同母异父的弟弟取代，北汉又有了新皇帝。

原来把持北汉国政的武当山道士郭无为早已心向北宋朝廷，实际上成为宋在北汉的潜伏者。至于为何会有这样的选择，有人说是因为当年郭无为本已得到了郭威的欣赏，马上就要得到郭威的重用的时候，郭威身边的一个谋士王峻轻轻地提醒了郭威一句：乱世之中要小心来历不明的纵横家。他们的能力越高，危害可能就越大。郭无为因此只好远走北汉，成为后周的死对头北汉刘崇的得力手下。在刘崇的儿子刘钧时代，他已当上了北汉的同平章事——宰相。

郭无为虽然把持北汉朝政，但他对北汉的政治前途毫无信心。他开始暗中与宋朝往来。郭无为还发展了一个手下。这个人叫侯霸荣，也是北汉的人，后来被宋朝俘虏。不过，他竟然历尽千辛万苦单独逃回了北汉，因为不忘在故国受到肯定。由于郭无为的原因，他很快成为北汉宫廷的一个供奉官，可随时出入宫廷。侯霸荣又把惠璘介绍给郭无为，惠璘也就成了刘钧的另一个供奉官。

三个人在郭无为的领导下，实际上具备了颠覆北汉政权的实力。刘钧去世，刘继恩继位。这个时间就是三人挑选的动手的时刻。北汉是后周的世仇，虽说受先南后北的国策约束，但事急用权，赵匡胤分析郭无为的势力足够大，而且刘继恩以外系承位，必然敌人多多、国家不稳，所以才会催促众将只管迅速进兵。

但事情的发展超出了郭无为的操控范围。因为刘继恩上台后，郭无为虽然官升三公，但实际上是明升暗降。他还看不惯这位权臣的行事，与郭无为产生很大的裂痕，甚至想在宫中设下夜宴，除去郭无为。

郭无为见势不妙，称病躲过了这场鸿门宴，同时开始着手颠覆计划。

刘继恩在夜宴结束之后，回到寝宫，立刻就遭到十几个人的乱刀砍杀。为首的就是侯霸荣。但刚刚得手的侯霸荣未及脱身又被赶来的一队士兵砍杀。杀侯霸荣的并不是皇宫的卫士，而是安排了弑君阴谋的郭无为。刘继恩因为威胁到郭无为自己的安全被杀，侯霸荣的死也同样是出于郭无为自己的安全考虑。在宋朝的大军还没有杀到以前，郭无为自认还不能在弑君后保证自己的安全。因此，他诛杀侯霸荣就让他有了护国功臣和元老的双重身份。郭无为没有让君位回到刘钧的嫡子手里，而是又一手拥戴了刘继恩的兄弟刘继元登上了皇帝宝座。

因为在郭无为的眼里，刘继元是个擅长佛经和禅学、不事进取的人。他一旦当政，肯定还是由郭无为来掌握朝政。但刘继元并不是郭无为想象中的样子。他在登基后的表现，让人恐怖。在很短的时间内，他一举杀光了养父留下的所有子孙，包括近亲及旁支。甚至连养母也没有放过。郭无为虽然后悔，却绝无主意对付此等局面。只好隐忍不发，等待时机。

不过，当初在郭无为杀掉侯霸荣灭口之后，另一个宋朝潜伏者惠璘吓得逃出了太原。但在临近边境的时候，被北汉将军李超抓获送回太原。郭无为此时的选择只有两个，一个是杀掉惠璘，自己留在北汉。另一个就是杀掉李超，彻底投向宋朝。郭无为没有犹豫就释放了惠璘，引起知道惠璘底细的李超不满，他一再主张杀掉惠璘。结果，郭无为把李超给杀了，把自己打扮成护国有功的功臣。郭无为的做法，引起了刘继元的愤怒，也引起了双方矛盾的激化。

赵匡胤还施展软手段发挥其影响力。他通过秘密的渠道给郭无为送来了四十份可以随时生效的委任状。从刘继元到郭无为，每个人都在宋朝廷中预留了位置。可是，郭无为不想让人贪功，只给自己和北汉皇帝刘继元两人各留了一个节度使的位置，其他的则收藏起来。

郭无为开始劝说刘继元投降。但刘继元显然对这个节度使的头衔没有兴趣，他竟然连孟昶被召到开封的准确封号都清楚。刘继元没有投降，而且在他的任内，还能让这个衰弱不堪的国家硬撑下去。

北汉人撑过了最混乱的时期。宋军第一次征讨北汉的先机尽失。宋军屯于坚城之下，已毫无斗志。十一月，契丹的铁骑终于来到太原城下，宋军担心腹背受敌，所以迅速撤军。但北汉军不肯放过报仇的机会，联合契丹兵入寇晋、绛二州，掳掠一番，满载而归。赵匡胤第一次出征北汉，无果而终，虽心有不甘也只能留待下次了。

第二次准备征讨北汉之时，太祖曾亲自向老臣魏仁浦问计。时当开宝二年（969）春，赵匡胤开春宴招待老臣，酒席上他有意对魏仁浦说："为何爱卿不敬我一杯酒啊？"魏仁浦趋前敬酒之时，赵匡胤悄悄地问以北征之计，说："朕欲亲征太原，你看如何？"魏仁浦很快回答："欲速则不达，希望陛下谨慎。"魏仁浦是周世宗临终前任命的宰相、顾命大臣，又是宋初名相，他的看法一定是经过深思熟虑的。但赵匡胤没有听从，还是决定于当年二月亲征北汉。并命令曾从周世宗北征北汉的魏仁浦从征。

此次北征的部署是先命曹彬、党进等人为先锋，率军先赴太原。以前次北征的主帅李继勋为河东行营前军都部署、赵赞为步军都虞侯，率军随后前进。皇帝本人统率大军最后出场。赵匡胤还对契丹军可能的增援也预为部署，志在必得。

宋军出师尚算顺利，前锋进展很快，大军也很快进入潞州区域。但人算不如天算，二月的北方突降大雨，并绵绵不止。此时，前锋已进入北汉国境，但大军却受困雨中无法行进，竟滞留潞州一带达十八天之久，宋朝君臣无不心急如焚。恰在此时，宋军截获一个后汉间谍。赵匡胤亲自审问，北汉间谍大诉："城中百姓受祸已久，无日无夜地都在期盼您的圣驾，唯恐来晚了。"这番吹捧，与赵匡胤解民倒悬的心理颇为吻合。他不禁开怀大笑，赏了北汉间谍一身衣服，命令就地释放。然后督促大军启程，直接杀奔太原。

三月，赵匡胤的大军来到太原城下，太原城早已被围。他就命李继勋攻打城东、赵赞负责城西、曹彬进攻城北，党进围困西南。还募集民工绕着太原城挖壕修寨，称作长连城。另派几支人马四面出击，进攻周边各县。

不料，北汉人负隅顽抗，围城宋军反而屡受夜袭。给宋军造成这么大麻烦的是后来降宋、以杨家将的祖师杨继业闻名的刘继业。刘继业先是在团柏谷抵御宋军，但失败了。在与宋军争夺太原入城的要道汾河桥时，死伤上千人。他还将兵夜袭城西部赵赞的军营，但因为宋军恰好有一支部队在伐木抢修汾河桥，闻声增援，又把他打败。后来，北汉方面又派他率数百精骑突袭城东宋军营寨，又被党进打退。刘继业用从城上扔下的绳篮爬回城中才免被俘。北汉虽然处于守势，也不占上风，但宋军更是无计可施。

赵匡胤苦思破敌妙计不得，战局一时僵持不下。一天，他骑马来到阵前高坡，观察形势。身边的一员大将左神武统军陈承昭暗示他说："陛下早有百万雄兵在此，为何不用？"赵匡胤起初不明所以，见部下用马鞭指点远处的汾水，明白这是建议他水淹太原城。他不禁大笑，立刻就命陈承昭带人偃河蓄水，准备水攻。赵匡胤自己甚至也经常手拿宝剑，赤手光脚，坐在皇帝的麾盖下督促进度。

但战机还是在一点点失去。契丹的信使韩知范早在宋朝大军合围前就已进入太原。使者带来了两个好消息，一是契丹新皇帝册封了北汉皇帝刘继元，二是告诉北汉人契丹援军已分道南下。

四月，东路兵进入河北定州，但被赵匡胤的结义兄弟韩重赟击败。韩重赟之所以能取胜，与赵匡胤事先的精确判断有关。当时他出征时，皇帝本人曾亲授他锦囊妙计，告诉他："契丹听说我要亲征，定会驰援。他们认为河北的镇州、定州一路无人守备，你带兵倍道兼行，一定会出其不意打败他们。"事情果如所料。另一路经石岭关驰援太原的契丹一部也被宋太祖料到。他早操胜算，派出大将何继筠领兵破敌。为了鼓舞士气，在何继筠出发前，他亲手端上了一碗麻酱粉，为他送行，并说明日中午要等他的捷报。何继筠倍感荣幸，信心陡增。果然，何继筠在石岭关前大破辽军，生擒对方武州刺史王彦符以下上百人，斩首上千人，缴获战马七百多匹。

战报传来，太原城下宋军一片欢呼，令敌人胆寒。赵匡胤为了震慑敌人，又特意命人将所获首级、铠甲陈列城下，但北汉人仍然负隅顽抗。赵匡胤下令决水灌城，水势之大竟一下子冲毁了南城的一段城墙。负责城南进攻事宜的党进令手下乘小船进攻，但遭到北汉弓箭手的箭雨阻击。虽然宋军烧毁了城南门，但北汉方面的抵抗丝毫未见削弱。困在城中的辽使韩知范怕北汉人投降，所以也在阵前监战，并以辽军援兵很快到来给北汉鼓劲。宋军不断地往城南方向集中，连赵匡胤也到了城南督战。为了压制北汉的弓箭手，他命人在小船上安上强弓硬弩，并用盾牌为掩护，驶到城墙下射击北汉的弓箭手。双方箭来箭往，一时难见胜负。宋军的内外马步军都头王廷义擂起战鼓、裸身向城墙冲击；殿前都虞侯石汉卿也奋勇向前，但两人都倒在箭雨中。宋军士兵死伤更是不计其数。但北汉人却奇迹般地用漂浮的草垛把冲毁的缺口堵上，修补城墙。赵匡胤大怒，宋军攻势一波强似一波，太原城几乎难保。

在此关键时刻，早已与赵匡胤暗通款曲的北汉宰相郭无为以单纯防守终会失败为由，向皇帝刘继元请战。刘继元不动声色，给了郭一千精兵，但又安排刘继业与郭守斌两员大将一起出战。出城之后，刘继业以马足受伤为由率兵返城，郭守斌也因迷失道路与郭无为失去联系。他原来准备裹挟两员大将与一千名精锐士卒投降，以求封赏。事情发展到此地步，已无价值。郭无为只得回城，但刘继元却决定杀之以向宋军示威。于是就派人将他勒死在太原城头。之后，北汉内部发生分化。有的如岚州刺史赵宏，主动请降，太原外围也有不少效仿者纷纷投诚；有的变得更为死硬。北汉人又夜袭城西的赵赞。他们在夜间诈言北汉主请降，要趁机袭击赵匡胤。这些计策不仅失效，而且激起了赵匡胤的大怒。宋军在东西班都指挥使李怀忠的率领下再次烧毁了南门，但李怀忠却差点被射死。宋军久攻太原一座孤城四个月而不能下，士气大受打击。再加上潮湿炎热的环境也让宋军疫情不断，更影响到攻城的力度。

这是赵匡胤自即位亲征李重进以后的第一次带兵出征，这种进退两难的局面令他为难。失败当然没有面子，但强攻的效果也极为有限。尤其是在辽军后续援军即将到来的情况下，宋人取胜的希望愈加渺茫。太常博士李光赞建议天子退兵。随军的赵普也建议赵匡胤撤军。殿前司帐下卫士则奋勇请战，愿效死力。赵匡胤不愿自己亲自训练出来的精锐无辜送死，表示宁愿不得太原也不愿让卫士们"蹈必死之地"。禁军将士不禁由衷感动。

这时候，另两个消息也促使赵匡胤撤军。一是老臣魏仁浦途中病倒后，被送返京城，死于回京途中。另一个是契丹方面由北院大王耶律乌珍率领的援军躲过了宋军所有的哨卡，已悄无声息地到达太原城西门外，虽然没有立即发起进攻，但却通过鸣鼓举火，给城中传去了鼓舞人心的信号。而且契丹的南院大王耶律斜轸据说也已启程，也很快就会到来。

形势已经令赵匡胤没有选择，确实已到走为上策的阶段，他终于决定全军撤退。不过，这次北征也不是无功而返。赵匡胤临走时，将太原城外一万多户百姓迁往内地。北汉本就只有十一州之地，人口四万五千户，现在则只剩下三万五千户，三万多兵丁了。实力受损，可见一斑。但撤退的宋军缺乏组织，不少粮食、布匹、辎重遗弃。单是落入北汉手中的粮食就有三十万斛，北汉借此渡过了自己最困难的日子。但这场战争，显然加速了北汉的衰亡。

北宋大军一撤，北汉就在太原进行排除积水的工作。但城墙一干，倒塌之处多了起来。契丹使者韩知范看了极为后怕，认为幸亏宋军没有先浸后涸，否则太原城早就落入宋人之手了。这是赵匡胤征战生涯中的一个巨大遗憾。

二次征讨北汉之后，赵匡胤专心关注南方各国，实际上是重回"先南后北"的既定国策。在拿下金陵，灭亡南唐，基本解决南方问题后，才发动了第三次征讨北汉的战役。

开宝九年（976）八月，赵匡胤再度发兵进攻北汉，诏命侍卫马军都指挥使党进为河东道行营马步军都部署、宣徽北院使潘美为都监、虎捷右厢都指挥使杨光美为都虞候、骁将郭进为河东忻、代等州行营马步军都监率兵北伐。这是宋太祖一统中国的最后一次尝试。

北伐的宋军兵分五路，齐延琛、穆彦璋出击北汉石州（今山西离石），郝崇信、王政忠出汾州（今山西汾阳），阎彦进、齐超出沁州（今山西沁源），辽晏宣、安守忠出辽州（今山西左权县），郭进为一路，出忻州、代州，五路人马分进合击，会攻太原。

按照统一部署，党进一路连败北汉军，缴获战马千余匹，兵器装备六百多件，兵锋直指太原城下。赵匡胤又令忻、代行营都监郭进等率兵分攻忻、代、汾、沁、辽、石等地，各路人马所向披靡，大破北汉军。至十月，党进的人马乘胜追击，在太原城北再度大败北汉军。北汉皇帝刘继元眼见宋军兵临城下，自知不是对手，急切之间再度向辽告急。

其时，辽国已从相互纷争的中原各国中多有获利，自是不肯放过这样的机会。虽然，它已与宋朝实现了互通使臣、互祝正旦，正常地进行礼尚往来，但辽景宗耶律贤还是在九月末派出大将耶律沙、冀王耶律敌烈出兵助汉。

辽自五代后期崛起，已成中原大害。游牧民族本身即惯于骑射，又多历征战，军队战斗力大大强于中原王朝。宋军一时两线作战，陷于被动。更加要命的是，皇帝赵匡胤突告驾崩。前线宋军已无心恋战，新即位的皇弟晋王赵光义很快以国丧罢兵。

赵匡胤在位期间共三打北汉，令其实力大为削弱，北汉十一州只剩军兵三万，户口三万五千户，"得之不足以辟土，舍之不足以为患"，为继任的宋太宗彻底统一打下了良好的基础。赵匡胤一直未能拿下这个令他耿耿如怀的宿敌，其中重要的原因即是其中的契丹因素。以赵匡胤之强尚且无所作为，更不用说其后承平之日帝王了。所以，整个北宋时期受制于辽，其实正是当时双方实力的一个真实反映。

2. 燕、云十六州，永远的遗憾

在赵匡胤的统一事业中，毫无疑问，未及收复北方的燕云十六州应该是他最大的遗憾。

契丹自唐代末年崛起后，渐成中国北方的强大势力。尤其是自后晋高祖石敬瑭将燕云十六州割让给契丹后，中原门户洞开，已无险可守。尤其是契丹铁骑，来去飘忽，时常南下骚扰、掳掠，中原王朝在与其竞争的过程中极其被动。石敬瑭卖国之事发生时，赵匡胤还是一个洛阳街头无忧无愁的孩子王，但很快他就尝到苦果了。后晋出帝石重贵因不愿再屈辱地自称儿皇帝，即遭灭顶之灾。辽太宗耶律德光率契丹骑兵直入后晋都城灭亡后晋，又在中原大肆掳掠，时宋太祖赵匡胤年方二十，对契丹兵的烧杀掳掠应该说是刻骨铭心的。

后周建立以来，因屡遭契丹的威胁。柴荣曾发力北征，但却因病无果。赵匡胤曾在显德六年（959）从周世宗柴荣北伐契丹，夺回莫州和瀛洲，但天不假英年，柴荣病故，致使中原错失收复北方故土的最佳机会。不能与周世宗一起收复十六州，对赵匡胤来说同样是一个遗憾，但是也有了一个在历史上留下盛名的机会。

作为卓越的军事家、战略家，赵匡胤完全了解燕云十六州的重要地位。北宋建立后，收复燕、云，以保中原，更成为他一贯的夙愿。乾德元年（963），有军校上书献阵图，请求讨伐幽州，赵匡胤对军校赏赐有加。他还曾明确地对赵普说，将来收复燕京，要在长城的主要关隘古北口一带设防。但是，当时宋朝的总兵力不到二十万人，以步兵为主；所辖人口九十七万户，大约在四百万人上下；财政状况不算太好，国库空虚，难以支撑大规模军事行动。辽国人口大约也在四百万左右，军队总数为三十万人，以骑兵为主。双方力量对比，显然是宋弱辽强。出于现实的考虑，他相当理性地制定了先易后难、先南后北的战略规划。他必须先统一中国本土，然后才能积聚力量，考虑收回燕云地区。

赵匡胤首先考虑过以赎买方式收回燕云地区。因为辽朝获得十六州毕竟是通过合法的方式，不是掳掠去的。为此，他从收复荆湖地区起设立了一个封桩库，除了收藏缴获的南方诸国的金银财物外，也将每年的财政盈余积攒起来。此项收入作为收复燕云的专项资金，由皇帝本人亲自掌握，不准挪作别用。打算蓄积三五百万以后，与契丹交涉要求归还河北十六州的土地与人口。若得到对方同意，就以库存作为赎买的款项。否则，就尽散库钱，招募勇士，使用武力。他算了一笔账，以一个辽兵首级二十匹绢的价码，辽朝十万精兵二百万匹绢就能搞定。将生龙活虎战力超群的辽兵以死的首级计算，使一向精明的太祖显得迂腐，但他解决燕云问题的决心可见一斑。因先南后北，先易后难的国策一直在进行当中，东征西讨不断，而对北方的强敌只能取守势了。

但北方边境的冲突并不少见。赵匡胤之能取得帝位，就是以北上进军抵御契丹入侵的名义。但一般情况下，赵匡胤并不主动进攻辽方。他只是在北方边境囤积重兵，显示武力，又派遣宿将守卫，以备不测发生。对来犯之敌，也只是进行同等的反击，从未主动进攻对方。在他进行攻灭南唐战争的关键时刻，他还安排河北守将与辽约和。自开宝八年（975）起，宋方首先派使臣往辽贺正旦，年底辽使来宋贺新年。平常两国也在皇帝生辰及节令互通使者，双方和平相处。

造成太祖时代宋辽多数情况下安于现状、互不侵犯的原因很多。原因之一是，947年辽太宗狼狈退出中原时，死于途中。辽太宗兄子趁机自立，与萧太后及辽太宗弟耶律李胡发生冲突。后双方虽然和解，但世宗及其后继位的穆宗又在相继发生的变乱中被杀。契丹国内政局不稳，国力大衰。五代末年，周世宗能从辽朝手中夺回北方的三关之地，正是基于这样的原因。赵匡胤陈桥兵变后，辽国政局也发生了很大的变化，残虐的昏君穆宗已死，景宗时政治较为清明，经过十来年的休养生息后，社会重新稳定，经济实力增强。赵匡胤自忖历经十余年统一战争国库空虚的宋朝还无力与辽抗衡，所以终其一生未能有所作为。

有人把雄才大略的宋太祖不能为子孙后代收复失地，关上中原的北大门，斥责为不思进取。清人查慎行的诗就很有代表性：

> 隔河便是辽家地，乡社纷榆委边鄙。当时已少廓清功，莫怪孱孩主和议。君不见蛇发鹿死开西京，丰、沛归来燕、代平。至今芒砀连云气，不似萧萧夹马营。

这种举措明智不明智，可以与宋太宗收复燕京的努力比较一下。太平兴国四年（979），宋太宗在攻灭北汉之后，想挟战胜之余威，建立不世功业，结果踌躇满志的宋太宗身中两箭，仅以身免。数年后，雍熙三年（986），他又搞了个三路大军北征，再次大败，损失惨重。他北伐时受的箭伤每年发作，最终因此而死。这是宋朝为数有限的收复燕云地区的努力。对于赵光义的军事才干，一代伟人毛泽东曾有过"此人素不知兵"的评语，可见宋太宗没有这方面的雄才大略。有人早就断言，宋太祖死后，天下就不能统一了。赵氏子孙谁再有此妄想，往往并不是好事。像宋徽宗与女真结盟以收复燕云的努力，结局反而以国家灭亡为结束，就更是一大闹剧与悲剧了。

十八、俭朴奉己，宽容爱民

宋太祖赵匡胤的为人，向来豪迈宽容。但在治国过程中却性情大变，除了为保证赵氏江山以外，也是由于其独特的出身经历，使得他颇能体恤民情，关注民生。另外，他的老母亲杜太后是一位非常有见识的老太太，她对宋太祖赵匡胤治理天下也有很大的督励作用。赵匡胤即位之后，有一天，他去拜见母亲杜太后，太后忧心忡忡地说："我听说做皇帝很难。如果统治得法，就会被人尊崇；如果一旦失控，就是要做一个普通百姓也不可能。"赵匡胤恭敬地表示接受母亲的教诲。

一天罢朝，赵匡胤久坐便殿，沉默不语，内侍问他为何不高兴，他说你以为皇上是那么好做的吗？原来他是因为自己早朝时由着自己性子办了一件事，而细细想来却很不对，而史官却一定会加以记载，所以自己就不高兴。皇帝本有绝对的权力，但他竟然心有所畏，这是极其难得的。他十分注意采纳臣下的不同意见。对前代有名的唐太宗一边受人纳谏，一边又指斥人家的过失，他觉得绝不可取，认为那样还不如不作。

赵匡胤则律己甚严，不使臣下有话讲。他是这样想的，也是这样做的。

有一次，赵匡胤在宫中后苑打麻雀玩，一个臣子声称有急事求见。赵匡胤立即接见。谁知，来人东拉西扯，讲的没有一件急务。皇帝大为不快，责问他为何谎称有急务求见？那人说：至少比陛下打麻雀急。赵匡胤大怒，抄起那把著名的柱斧就打。结果，打掉了人家两颗牙齿。来人不声不响地将两颗牙齿拣起来，装进口袋。赵匡胤穷凶极恶地问："怎么着，你还想告我不成？"那位臣子回答："臣子我不能告陛下，但自然会有史官记载。"赵匡胤蓦然悔悟。随后，他诚恳地道歉，并拿出不少金银珠宝来赔偿这位官员。

可见，为将时经常冲锋陷阵的赵匡胤，在当了皇帝后却非常地谨慎戒惧，小心翼翼，喜欢倾听臣下的劝谏。他律己甚严，自奉甚俭，但对臣下则非常宽容，

1. 不改俭朴本色

赵匡胤小时候家庭生活拮据，又在流浪生活中倍偿艰辛，所以很能体察民间疾苦。他很早就有救世的抱负，即使做到了后周的高级将领，他也能洁身自爱，不营私，不贪财，两袖清风。据说他的妻子去世后，续弦的钱还是从同僚那里借的。

当了皇帝，赵匡胤也不改俭朴本色。平常他只穿一般绢布做成的衣服，和一般官服的布质一样，只有上朝时才穿用绫锦做成的赭袍。一般的衣服都是洗过再穿，很少穿新的。宫廷中的帘幕都是用青布制成，陈设用具也都是力求简朴。皇弟赵光义劝他不要太寒酸，以免有损皇帝的尊严，他就反问他是不是忘了夹马营的生活。

永庆公主穿了一件用翠羽做成的短袄，赵匡胤责备女儿说：

"你知道这件短袄要伤害多少翠鸟的生命才能做成。身为皇族穿这样的贵重的衣服，肯定会引起人们效仿，养成社会的奢侈风气！而且翠羽的价钱大涨，一定会引起捕捉伤生，你生长富贵，不可造此恶业。"因此，他不许公主再穿这件衣服。

皇上所用的轿子还是后周传下来的，色泽脱落，斑驳破旧，皇后劝他刷新一下并用黄金装饰，但赵匡胤不同意，他说不用说装饰一个轿子，就是用黄金建造一间宫殿，朕也能做得到。但是黄金是朝廷的，朕为天下守财，不可乱用。他还引用古训"以一人治天下，不以天下奉一人"作譬，说只想厚自奉养，怎么能让天下之人拥戴你呢？

征蜀以后，有人将孟昶所用的七宝溺器送到赵匡胤那里，赵匡胤愤恨孟昶的奢靡无节，说："用七宝装饰溺器，该用什么盛饭呢？这样奢靡，不亡何待？"将它砸了个稀烂。

宋初的皇宫只有宦官五十多名，宫女两百多名，他认为太多，就遣散了自愿出宫的五十多人。征伐北汉途中，正逢七夕节，他送给在京的母亲杜太后和妻子的节礼是太后三贯，皇后一贯半。

赵匡胤如此节省，并不是他不喜钱财，而是因为五代以来，帝王无不挥霍成性，官吏也上行下效，人民因此一直处在水深火热之中。他看惯了种种民间疾苦，当了皇帝后，决心改变整个社会的风气，解民倒悬。在他的大力提倡下，节约俭朴成为风尚，州县官上任，不再搞那些劳民伤财的迎来送往，下级官员上任，甚至有穿草鞋、拄木杖、徒步而行的。

对贪官污吏他深恶痛绝，往往严加惩治，不肯轻贷。赵匡胤在位期间，因贪污受贿处死的官吏有 28 人，处死方式中还有弃市、凌迟等极刑，级别则有郎官、刺史等。有人讲，宋以忠厚开国，罪罚无不轻减，但是宋太祖唯独坚持用重法治理贪污受贿，目的很简单，就是想以此尽快改变五代时贪污盛行、民不聊生的状况，还百姓一个清平世界。

一方面他很节约，为国聚财。平蜀以后，赵匡胤将蜀中府库所藏全数收入国库，全部用于国防及赈灾所需，一时国库充盈。另一方面他又绝不吝惜钱财。他甚至愿用钱财赎回燕云十六州。对解除兵权的禁军大将他都不吝钱财。平时对大臣的赏赐也动辄成千上万，与给太后与皇后的不能相比。可见，赵匡胤是非常善用金钱换取国内政局安定的。

2. 宽容仁厚

出身草莽的帝王因为本身文化有限，一般不喜读书，更瞧不起读书人。像汉高祖刘邦和明太祖朱元璋都是如此。但赵匡胤却是个异类，虽然他小时读书并不刻苦，但随着其事业的发展，却越来越能体会到读书的重要，甚至达到在军中手不释卷的程度。他也很看重读书人，帐下聚集了不少的文士。他虽是武人出身，但并不过分崇尚武力，能不使用武力、暴力的地方，就尽量避免，显示出他有一般帝王没有的仁厚之心。

登基后，他读书读到秦将白起在长平坑杀赵国四十万降卒，不禁拍案而起，下令从武成王庙中撤除白起的塑像，认为白起杀害降卒严重违反武德，称不起武神。而赵匡胤则一直注意在征伐战争中不要滥杀。大将王全斌在征蜀战争中滥杀降俘，他坚决主张严处。

宋太祖善待柴荣后人，并在誓碑中立约不得诛杀柴氏子孙。这也是历来篡位者少有的举动。即使对那些各国降王，他都封给高官厚爵的虚衔，在生活上优待他们。大臣有主张斩草除根、以免后患的，他都不同意。认为他们原来拥有千里国土，十万大军，都不能造成危害，现在更不会有什么作为。所以，宋太祖基本未杀过降王，这是历来皇帝中极少有的。

赵匡胤为人豁达大度。年轻时流浪荆襄时，随州刺史的儿子董遵诲常常欺负、捉弄他。但他当上皇帝后，仍然重用董遵诲。董的部下击鼓控告董的罪行，多达十条，他也没有处罚他。听说董母流落契丹，他想方设法把她接回送给董遵诲，彻底折服董遵诲，董则知恩图报，成为赵匡胤信任的将领。

宰相赵普有好几次在皇帝面前说起一些从前不善待自己的人，有报复之意。哪知赵匡胤却说："风尘中若能认出天子宰相，那人人都去寻找了。"赵普听说皇上这样说，再也不敢提类似的话了。

翰林学士王著因是后周旧臣，虽在兵变后接受新朝，胸中仍块垒难除。他素喜饮酒，难免有时怀念旧朝。在一次宫中宴会上，竟然酒后失态，乘醉喧哗。太祖不予理睬，要侍从扶他下殿。但他拒绝人扶，反而靠近屏风，大声恸哭。御史弹劾王著，并建议治罪，但赵匡胤挥挥手说："他不过是个酒徒，没什么大不了的。从前在周世宗幕府中，我就知道。况且一个书生哭两声自己的旧主，又有什么可担忧的，算了吧。"没有追究王著的过失。只有在王著三番五次醉酒滋事以后，才以他醉宿娼家为由，罢免了他的翰林学士职务。宋太祖对王著以德报怨，与他性格豪爽、不拘小节有关，但也有刻意约束自己，争取前朝大臣归附的政治因素在内。因为周世宗柴荣固然是明君，但他用法极严，大臣们小有过错，往往也处以极刑。所以赵匡胤宽宏的做法，确实与柴荣的严苛精明不同，因此赢得了后周旧臣的钦佩。

3. 治术一瞥

赵匡胤在治国过程中，常常有创新的制度设计。大到削兵权，制钱谷，小到一些细枝末节上，他也会有创造性设计。

长翅帽是宋朝大小官员戴的帽子。发明者就是开国皇帝赵匡胤。他坐上龙椅后很不放心当年一起闯天下的同僚。尤其讨厌文武大臣在朝堂中交头接耳，评论朝政。一天，赵匡胤上早朝，在听取某个大臣奏章时，发现两侧有不少官员窃窃私语，很不礼貌。赵匡胤心里有点恼火，但不露声色。退朝后，他想出个办法，传旨属官在幞头纱帽后面分别加上长翅。长翅用铁片、竹篾做骨架。一顶帽子两边铁翅各穿出一尺多，以后越来越长。这种帽子除了在朝堂和官场正式活动时须戴上，一般场合是不戴的。因为戴上它，在街上行走极不方便。官员只能面对面交谈，要并排坐着谈就困难了。从此大臣上朝，就很难在一起侧向交头接耳，影响朝堂的严肃性了。

宋朝官员们戴帽子日子长了，自然形成一些独特的行为举止，还因此留下了一些相关的奇闻逸事。宋真宗时，宰相寇准微服出访视察民情。他一身青衣小帽，书生打扮，在京城私访。当他和一个老者谈话时，老者对寇准卑躬屈膝，跪拜迎送，表现出异乎寻常的谦恭。寇准很惊奇，就问他说："老先生，鄙人乃一介书生，请您随便。"老者笑着说："相公何必要隐瞒自己的身份呢？一看您就是朝廷命官！"寇准不明就里，说："我与您老素不相识，怎知我是朝廷命官？"老者说："相公，刚才你通过狭巷时侧身左顾右盼，生怕有东西碰着你的帽子。你要不是常戴官帽，哪会有这样的习惯动作？"

4. 关心民生，体恤民情

有人评价宋太祖赵匡胤是"心胸宽广，仁义无双"。除了不滥杀、厚待柴氏子孙、不杀降王、厚待开国元勋以外，还尤其关注下层百姓的民生，体恤民情。

陈桥兵变之后，天下初定，他马上实行了宽徭轻役的政策，以便农民休养生息，发展生产。建隆二年（961），赵匡胤明令免除各道州府征用平民充当急递铺递伕的劳役，改为用军卒充任。第二年，他又免除百姓搬运戍军衣物的劳役。还明示如果州县不执行，百姓可以检举。

但是另一方面，对关系国计民生的治河问题，他又毫不放松。他自己说过，"朕即位以来，平常没有别的差役，春初修河征用民伕，都是为民防患。"黄河在五代时期一直失修，赵匡胤即位两年之后，就下令在黄河沿岸修筑堤坝，并在坝上大量种树，以做防洪之用。以后他规定每年的正月、二月、三月，是黄河的例修期，期间要大力整修堤坝。赵匡胤还下令严格巡查，防患于未然。在赵匡胤的重视下，黄河的水患问题得到一定程度的解决。他在位 17 年，只有十几次小规模溃决的记载。赵匡胤还一并整治汴梁周围的运河、汴河及蔡河，为京都地区的商业运输、经济稳定打下了很好的基础。

土地是立国之本。五代战乱使田地荒芜严重，农业衰退。赵匡胤下令，新垦土地一律不得征税，对垦荒成绩突出的州县官吏规定给予奖励，辖区内土地抛荒达到一定数额的，要给予处罚。开垦出来的荒地上要种树，农民依情况分为五等，一等要种杂树百棵，二等 80 棵，以下递减。如果种植桑枣，可减半。赵匡胤之所以鼓励农民种植枣树和榆树，是因为这两种树能帮助人们渡过荒年。为了防止乱砍滥伐，他还制定了严格的法律条文，为首的砍伐者甚至要处死刑。这又是这位武夫出身的皇帝身上的仁厚之处了。

十九、烛影斧声与金匮之盟

开宝九年（976）十月二十日凌晨，才仅 50 岁的宋太祖赵匡胤驾崩。这个事件不惟使赵匡胤的北伐大业夭折，而且留下了宋史上有名的烛影斧声之谜。

赵匡胤的死因是宋史第一大疑案。

1. 烛影斧声，惹来猜想一片

事发前夜，风雪漫天，宋太祖召弟晋王赵光义入宫宴饮。在皇帝的寝宫里，两人相对饮酒，所有内侍、姬妾统统被赶出去。人们遥遥观望，忽然远远发现烛影摇曳之中，人影晃动。晋王时而离席，似有躲避和谢绝之意。漏禁三鼓，看到皇上手持一柄玉斧击地，喊着"好做、好做"的声音。反常的还不在当时的情形，更令人吃惊的是次日天还不亮，太祖赵匡胤已驾崩于万岁殿。

其时，太祖的皇后已是第三任宋皇后。宋皇后出身洛阳的世家。17 岁时，被纳入皇宫，立为皇后。算起来，太祖离世她才不过 25 岁。史书上说她"柔顺好礼"，这也可以从她在太祖去世后的表现上看出来。太祖一去世，宋皇后急忙派宦官王继恩去召皇子德芳入宫，有意让赵德芳入继大统。但离奇的是，宦官王继恩竟敢擅作主张，中途改道前往晋王府。在王府门口又碰到晋王亲信、医官程德玄，两人一起劝说晋王入宫。王继恩回宫，宋皇后问他："德芳来了吗？"王继恩答非所问，说："晋王到了。"事已至此，宋皇后知道大势已去，就改口称赵光义为"官家"，说："我们母子的性命今后就都托付于官家了"。"官家"的称呼取义于"三皇官天下，五帝家天下"之说，是五代以来对皇帝的称呼。宋皇后这样说，实际上是认可晋王这个皇帝了。而赵光义则赶紧哭着回答说："共保富贵，不要担忧。"

第二天，38岁的晋王赵光义即位，改名赵炅，即位后的翌日改元太平兴国。按惯例，新皇帝应该在次年才改元，当时距年底只剩下不过两月时间。宋太祖死得突然，赵光义又破例改元，更给后世留下了种种猜想。

有种说法解释了赵匡胤为什么会在雪夜突召弟弟赵光义饮酒。宋朝皇室与道教渊源颇深，宋太祖赵匡胤做皇帝之前，曾经与一位道士交往很深，这位道士预言赵匡胤将登九五之尊。赵匡胤登极当了皇帝之后，这位道士杳无踪影。十六年后，二人又一次见面，赵匡胤问道士，自己还能活多久？道士回答道：今年十月二十日夜里，如果是晴天，你就还能活十二年；否则，就需要赶快安排后事了。到了这一天夜里，赵匡胤登临太清阁四下观望，只见星汉灿烂，不禁心中大喜。忽然，阴霾四起，天气剧变，雪雹骤降。赵匡胤急忙回到宫中，把弟弟赵光义招来，两人边饮酒边议事，随后就发生了前面描述的一幕。

而对雪夜对饮过程中发生的一切，民间又流传着种种解释。有的讲，太宗在太祖酒中下药，自己趁机调戏太祖宠爱的花蕊夫人。不料又被苏醒的太祖发现，因此发生命案。还有的现代研究

者从"谁犯罪谁受益"的逻辑出发，也认定宋太宗赵光义最有作案嫌疑。但证诸宋朝官方的国史与实录，却都不露痕迹。不过，《辽史·景宗本纪》则对此事比较直白地记载说：宋主赵匡胤殂，其弟赵炅自立，并遣使来告。这句话反映的事实与金匮之盟是不符的。应该说反映了当时辽人对此事的理解，但真相究竟如何却无人敢轻易下断语。因此，也就不免有人说赵光义是在烛影斧声的余音中即位的。

当时太祖的长子德昭已经 26 岁，次子德芳也已成年。但却没有父死子继，而是优先实行了兄终弟及。之所以会有这样的安排，据说是有一个神秘的金匮之盟。

2. 神秘的金匮之盟

关于金匮之盟的内容。民间传说，陈桥兵变的第二年，杜太后临死前将太祖、赵光义和秦王赵廷美兄弟三人召至身边，宰相赵普也在其中。杜太后问太祖说："你知道自己为什么能得到江山吗？"赵匡胤啼泣不止，一时不知如何回答。杜太后责备说："我是自己老死的，你哭也没有用。我与你谈的都是国家大事，你怎么只知哭泣呢？"太后还是追问刚才的问题，赵匡胤便说："我之所以得天下，全靠祖先的恩德，太后的庇荫。"哪知太后对此说并不中意，反驳说："你说的不对。你之得天下，都是因为周世宗让幼儿即位做了皇帝，因而人心不附造成的。假如周朝君主年长，你还能得到天下做皇帝吗？"为了防止出现后周那种幼主临朝痛失天下的局面，宋朝要立长君。因此，她要赵匡胤死后传位给兄弟赵光义，光义死后则传位给小弟秦王廷美，廷美死后再传位给太祖之子德昭。她说："四海至广，万机至重，能立年长者为君，才是国家社稷的福分。"太祖一再叩谢太后的临终教导，并表示一定按母亲的意思办。太后还不放心，又让赵普直接在床前把谈话记下来。赵普写好了誓书，在末尾署上了自己的名字。太祖将誓书锁入金匮，交给谨慎可靠的宫人掌管，藏在宫中。这就是一般所说的金匮之盟的全过程。

从实际情况来看，不能排除金匮之盟存在的可能。

赵光义的脾性与赵匡胤大不相同。他文静内向，似乎有种天生的畏严，和他在一起游戏时，其他孩子都会不知不觉地对他心生畏服之情，不敢对他呼呼喝喝。他还酷爱读书，时常手不释卷。父亲对此非常欣喜，四处搜求各类书籍让他读。随着年龄的增长，赵光义不但学识渊博，而且多才多艺、很有智谋。

赵匡胤离家出走时，赵光义还不满 10 岁，仍在家中随母亲读书。直到 18 岁时，他才离开开封，跟随父亲赵弘殷和哥哥赵匡胤出征淮南。经过几年铁马腥风的战争锻炼，能诗善文的赵光义迅速成长起来。陈桥兵变时，22 岁的他与赵普一起成为主要的幕后策动者，把一袭黄袍披在了赵匡胤的身上。大宋王朝建立后，赵匡胤实现了其帝王之志，赵光义也走上了历史的前台。

赵匡胤即位后，很快封弟赵光义为殿前都虞侯，次年又官封开封府尹。这种提拔或许可以说是因赵光义是陈桥兵变的谋主之一，有拥戴之功。但让赵光义在开封府尹任上前后 16 年，开宝六年（973 年），他去世前不久又封弟晋王，这在事实上已经把赵光义当做皇位继承人培养。

赵光义受封晋王后，地位在宰相之上，是公认的天下二号人物。这种安排，很像事前有过什么承诺。同样，赵光义在开封府任上培植大批心腹党羽，又有意结交朝中重要的文臣武将，太祖的旧部楚昭辅和卢多逊等许多握有实权的重臣，都与他交好。光义礼贤下士的美名，如雷贯耳。晋王府有幕僚 60 多人，人才济济，皆一时之选。这种情况，若无对臣下有深度猜防心理的太祖赵匡胤的默许，是绝无可能的。因此兄终弟及可能是赵匡胤早就有的一种安排。如果说有什么动摇，也可能只偶尔发生在赵匡胤的一念之间。

光义显然具备了做皇帝的实力，但当晋王摇身一变成为皇帝的时候，仍造成了极大的冲击。虽无人公开指责，但相信对他继位的合法性的怀疑也是存在的。因此，他也不得不做出某种姿态。所以，即位之初，受惯例的约束，他一度以皇弟赵廷美为开封府尹兼中书令，封齐王；太祖长子赵德昭为永兴节度使兼侍中，封武功郡王。并有专门诏书令两人位在宰相之上。太祖次子德芳被任为山南西道节度使、同平章事。太祖的子女，与光义的子女一样，并称皇子皇女。太祖朝的旧臣也都受到安抚，薛居正、沈伦、卢多逊、曹彬、楚昭辅一律加官晋爵。但随着时间推移，宋太宗在皇位巩固之后，颇想传位给自己的儿子。这时，以前曾对太宗继任皇位有利的金匮之盟反成为桎梏。

太平兴国四年（979），太宗赵光义想在北汉降附后趁机收复燕、云十六州，结果致高粱河大败。宋太宗也身负重伤，连马都没法骑，最后是坐着臣子们找来的一辆驴车脱身。一路上宋军丢弃粮草辎重无数，刚刚收复的各州土地又重新被契丹人占领。部队好不容易站稳脚跟，收拢散卒，但却找不到太宗本人。混乱中有人怀疑太宗皇帝已经遇难，甚至动议拥立太祖之子德昭继位。所幸后来很快找到太宗，此议才作罢。但这事却触动了太宗的忌讳，引起他极大的不快。

回京之后，太宗心里窝火，连灭亡北汉有功的众将也都不想封赏了。偏偏德昭又为众将出头，引起太宗发火，疾言厉色地说："等你做了皇帝，再赏也不迟！"德昭不知就里，闻言大惊失色，回家自刎而亡。

太平兴国六年（981），德昭之弟赵德芳也不明不白地死掉。至此，太祖系继位的威胁彻底解除了。仍对太宗皇位有威胁的，就剩下自己的幼弟赵廷美了。

此时，金匮之盟的当事人赵普成了关键的一环。金匮之盟外人无由得知。赵普对外宣称杜太后遗诏独传于太宗，丝毫不提赵廷美与赵德芳。

最后，赵光义决意传子，他试探赵普。赵普则说："太祖已经错了一回，您怎么还能错第二回呢？"开国元勋、金匮之盟的唯一记录者赵普的态度使宋太宗再无顾忌。

赵普因此复回首相之位，地位在多年的政敌卢多逊之上。在把透龙脉之后，赵普行事变本加厉。第二年，他向太宗告发卢多逊与赵廷美交往密切，图谋不轨。赵光义遂将赵廷美治罪，外放到房州（今湖北房县）安置，卢多逊被流放到崖州（今海南省三亚市崖城镇一带）。赵廷美的势力被剪除后，宋太宗将皇位传给自己子孙的企图再无障碍。

此后，帝位终北宋后世及南宋高宗一直在太宗一系。宋高宗无子，才从太祖系挑选了养子赵眘继位，这就是宋孝宗。终于，帝位重回太祖一系。最终宋朝政权亡在太祖子孙手里，而且几乎复制了后周亡国的旧例。这不免引起后人大发"天道好还"的感慨！

二十、魂归洛阳，归葬永昌

出了今日的巩县城，沿郑洛公路西南行 40 里，再徒步向南约七、八公里，就到了一个叫龙洼的地方。这里，四周台地层层，远处簇簇青山，唯有中间是一马平川。平川之上有一个大大的覆斗形的土堆，这就是宋太祖赵匡胤的永昌陵了。当地群众称它"赵大社龙固堆"。

宋太祖死后，葬在了河南巩义。巩义位于河南郑州、洛阳两大古都之间，南望嵩山，北临黄河，洛水自西向东蜿蜒而来，这里自古以来就被风水先生视为"山高水来"的吉祥之地。自宋太祖选定此地后，这里就成了北宋的皇陵。除了从开封迁葬到巩义的赵匡胤父亲赵弘殷的永安陵外，入驻巩义陵区的第一座帝陵是开国皇帝宋太祖赵匡胤的永昌陵。

1. 重访洛阳，一箭定陵址

宋太祖赵匡胤在位 17 年，正值盛年的他只是选定了巩义为大宋的陵区，却从未提过建陵之事。开宝九年（976）春，赵匡胤在登基后第一次回到洛阳视察，怀旧的他一时兴起，又顺便回到自己当年在洛阳夹马营的旧居参观，忆起儿时的不少嬉戏情景，他用马鞭指着旧居门外的一条小巷向下属说：朕记得当时得到一匹小石马，常被其他孩子窃去，朕就把它埋到那里了，不知今日还在不？"随从应命去挖，竟然把那匹小石马挖了出来。赵匡胤很高兴，就将它带在了身边。

当时，赵匡胤滞留洛阳，想迁都西京，因受到大臣及皇弟赵光义的反对未果，只得启程返回汴京。回京途中，赵匡胤又专程去向自己的父母祭拜，号啕大哭，并说：今生难以再有机会来朝拜了。行礼完毕，伤心的赵匡胤登上公园神墙上的角楼，向四处遥望。只见父亲陵园所在位置，东有青龙、石人诸峰，西临伊、洛两河，南依巍峨的少室、太室诸山，北濒黄河。面对着这青山不老、流水悠悠的佳景所在，赵匡胤一时不能自已。激动之余，他感慨说："我生不能居此，死当葬于此。"边说边随手取来一支响箭，引弓射向西北。赵匡胤是习武之人，又正当壮年，所以响箭飞出去四百步开外才落地。赵匡胤向随从交代就以响箭落处为将来墓穴所在，并让人把随身携带的小石马埋在那里作为标记。赵匡胤还为自己万年后的山陵拟好了永昌陵的名字，算是对后事做出了安排。

自秦汉以来，皇帝往往刚一登基就开始为自己修造陵墓，许多皇陵要修建几十年。不过，赵匡胤在世时却从未提起营造山陵的事。

巡幸洛阳的当年十月二十日夜，年仅 50 岁的宋太祖赵匡胤突然驾崩，巩义皇陵不得不仓促开工。前后只修了短短的 7 个月，因时间紧迫，陵使督促不懈，故修陵工程也非常残酷，这实在有违一生亲民爱民的赵匡胤的本意。永昌陵建好后，第二年四月，赵匡胤的灵柩从开封被护送到巩义下葬。

2. "上天示兆，神人来吊"

当时从开封到巩义的路上有两万人左右，前面是仪仗队，中间是灵柩，后面是家属，再后是大臣，浩浩荡荡，从开封到巩义来往需要半个月左右的时间。护送的队伍中光拉灵柩的就有1000多人，送殡队伍到达陵区时，距赵匡胤死正好7个月。以后就延续形成了这种规矩：宋代的皇帝事先都不建陵墓，死了以后在7个月内把陵墓建好，然后去埋葬，形成了宋代皇帝"七月而葬"这样一个习俗。

不只葬俗，宋陵的祭仪也是由赵匡胤那里沿袭下来的。传说当日赵匡胤的灵柩在正午下葬时，一只白兔跳出来，正撞中了铜锣。不久，又有一条鲤鱼飞跃出来，打中了一面大鼓。这两件奇事以外，送葬的人群又发现东边的山头突然跳出来一个石人，似在面向灵柩默哀。人们说这是"上天示兆，神人来吊"。从此，当地民间一直流传着"玉兔敲锣鱼打鼓，山上石人奠君主"的传说。据说，宋陵每年的祭品中，一定不能缺少白兔和鲤鱼，规矩就是从这里来的。陵区以南的"石人山"的来历也在于此。

北宋一共有9个皇帝，除宋徽宗和宋钦宗被金兵掳走惨死漠北外，其余7个皇帝都葬在这里，加上赵匡胤父亲赵弘殷的陵墓，巩义皇陵素有"七帝八陵"之称。各皇陵的规模和建制都和赵匡胤的永昌陵基本相同，都是坐北朝南，每个陵区都由安葬棺木的上宫、日常进行祭祀的下宫以及附葬的皇后和王室子孙的墓组成。在南北长10公里、东西宽16公里、面积30多平方公里的北宋皇陵陵区，还有北宋王侯将相的墓葬1800多座，其中寇准、包拯等也长眠在这里。

宋陵地宫仿照地面宫殿建筑，整个墓室建造得富丽堂皇。皇帝生前所有的日常用具，金枪、板刀、弓箭，金银器皿都埋在了地下。在地宫、甬道和耳室里，还摆满了皇帝喜爱的各种宝物。宋真宗景德四年，为了保护皇陵，北宋划巩县、偃师、登封各一部分建立了永安县，永安县就是专门的皇陵保护管理区。除驻有部队外，还有一些柏子户专门种柏树，对陵园进行绿化。还有的记载比较清楚，就是当时皇帝埋在上宫，在下宫还住了一批管理人员，是原来跟着皇帝的侍婢或者侍女，包括一些太监，对皇帝进行四时祭祀。另外，皇帝死后，还要享受活着一样的待遇，每天该吃饭的时候专门有人供食。

到宋代第 7 位皇帝哲宗时，巩义皇陵已经经营了 160 多年。这里松柏如织，殿宇相接，威严肃穆，所以陵区又被称为"柏城"。宋陵绿化比其他陵有特色，因为其他陵按记载只允许种柏树，宋陵是柏树松树都可以种，并且陵与陵之间又用橘子树把它分开，所以冬夏常青，远处一看完全是一片柏树林。

宋陵的设计与一般陵墓不同。如永昭陵南高北低，居于最崇高地位的陵台却处在陵区的最低处，到这里瞻仰宋陵，丝毫没有皇帝高高在上的感觉，因为皇帝几乎躺在了人们的脚下。宋陵为什么会有如此奇怪的选择呢？

3. "东南地穹、西北地垂"

原来，在唐宋时期，流行"五音姓利"的风水理论，就是人们姓氏的读音对应着工、商、角、徵、羽五音，宋代皇帝的赵姓属于角音，角音不仅要求在都城的西方选阴宅，而且陵地也要求"东南地穹、西北地垂"，所以宋代的皇陵都南高北低，形成了一种倒仰的姿势。整个巩义陵区面对嵩山，背依黄河，也符合角音"山之北、水之南"的风水要求。

除了风水的考虑，赵匡胤把皇陵选在远离都城开封的巩义，还有很深的政治意图，那就是为迁都洛阳做准备。开封四周都是平地，无险防守，这样朝廷就要派出大量的军队用于防守，造成了军队数额的急剧膨胀，宋太祖正是因这个原因想把都城迁到洛阳，甚而最终把都城迁到长安，仿照周朝汉朝的故事，凭借山河的形胜而去冗兵，安天下。

然而，当赵匡胤提出迁都洛阳时，却遭到了大臣们的反对。宋代南方的经济已经成为社会经济中非常重要的组成部分，大量的粮食要靠运河（当时的汴河）从南方运过来，汴河到开封以后再往上就不好走了，大臣们考虑到汴河经济命脉的地位，大多不愿意迁都洛阳。

群臣的谏阻没有动摇赵匡胤迁都的决心，但这时皇弟赵光义站出来说："为政在德不在险，何必一定要耗费民力迁都呢？"见弟弟也反对迁都，宋太祖只好长叹说："不出百年，中原人民叹也。"行伍出身的赵匡胤只好用一支庞大的禁卫军来保卫京都开封。靖康二年（1127）3月，是北宋立国167年，终于应验了宋太祖的话，金兵长驱直入，攻破开封，掳走了宋徽宗和宋钦宗，北宋灭亡。巩义皇陵的绝好风水，却没有护佑住大宋的千年帝业。

4. 陵为永昌，死难安生

入侵的金兵不仅对京城开封大肆劫掠，而且对北宋皇陵也开始了疯狂抢劫。因下宫的大殿及禅院里有许多金银玉器、古玩字画，这里成为金兵最先下手的地方。宋陵都建在平原的黄土地上，墓道建制规模相同，所以比较容易盗挖。金兵对小墓采用揭顶的方法，对大墓则从陵台侧坡挖洞，撬开墓顶券石，缒绳而下。陵区内顿时烟火弥漫，一片混乱。据记载，北宋的皇帝陵包括皇后陵都遭到了很严重的盗掘，哲宗皇帝的尸骨还被盗墓者抛到了陵外。宋高宗赵构闻讯后，命令河南镇抚使翟兴和抗金英雄岳飞北上，赶走金兵，又修复了皇陵。这样，巩义就成了宋金拉锯战的战场。宋军撤退后，金兵的报复更加强烈，不仅掘墓更凶，而且还烧房扒屋，砍树伐木。于是，松柏茂密的陵地很快变得千疮百孔了。

宋高宗建炎三年（1130），金人在大名府封宋朝的降官刘豫为大齐皇帝。有一天，刘豫发现一个士兵拿了个水晶碗，感觉非常精美，后来得知是从永裕陵盗来的。刘豫就让他儿子组织了一个专门的挖墓队伍，史书上称之为"淘沙队"，重新把宋陵又挖了一遍，甚至连老百姓的墓也不放过。"淘沙队"是继东汉末年的曹操以后，中国历史上第二个有记载的官盗机构。刘豫的毁灭性盗掘，使那些生活在陵区的僧尼、柏子户等都无存身之处，只好流落他乡。

从此，北宋皇陵再无专人管理。民盗相继兴起，最有名的一个盗墓贼叫朱漆脸。朱漆脸盗宋太祖的墓时，太祖的身量比较大，很胖，他想把太祖的玉带取掉，就用一个带子套上太祖的脖子，把太祖撑起来，由于尸体已经腐烂了，他一撑，从太祖嘴里喷出好多黑水，喷他脸上去了，再也没洗净，就留下了一个黑脸。宋太祖精心挑选的皇陵，竟然不能让他死后保有一个完整的身体。更不用说，要以冥冥之力来保佑子孙后代的长治久安了。这确实令人感叹世事难料，兴衰无常。

南宋末帝昺祥兴元年（元世祖至元十五年，1278），南宋灭亡，元朝统一中国。蒙古人控制北宋陵区后，他们怕宋代的遗民怀念先朝的皇帝，就把北宋皇陵上的建筑全部烧毁，并犁为废墟，这也是北宋陵区只有孤零零石雕的原因。所幸的是，宋陵区域被划为官地，不准百姓打柴放牧，不准种植庄稼，一直荒芜，这在一定程度上保护了建筑遗址，特别是石雕像。明朝朱元璋时，曾命人修葺陵园，并"禁人樵采"。

新中国成立后，宋陵受到一定程度的保护，并在1982年被公布为全国重点文物保护单位。但历经千年的永昌陵已成了一个大大的土堆，地面建筑已荡然无存，令人感到凄凉。只是在高高的陵丘之前，尚有石雕的狮、虎、马、羊、角端以及武士、望柱等矗立两侧。这些风格浑厚的古代雕刻，在夕阳余晖映照下，显得格外深沉，庄重，历史感十足，使人不由得生出许多怀古之思。

近览永昌陵

二十一、兄终弟及，萧规曹随

北宋建立以后，赵匡胤南征北战，吞并荆湖，攻取后蜀，灭南汉，亡南唐，迫使吴越和漳泉称臣，基本上结束了五代十国分裂割据的局面。在内政方面，他革除藩镇之祸，实行较为宽容的文治政策，定下"不得杀士大夫及上书言事人"的祖规。宋代读书人空前活跃，深邃精妙的哲学，风采灼灼的文学，通达厚重的史学，在雍容博大的环境中茁壮成长。数不胜数的文化名人光芒四射，犹如一颗颗明星，闪耀在历史的天空。对人类发展起巨大作用的四大发明，除造纸术外，其余三项都在北宋脱颖而出。宋代南来北往的商人们，使用的是世界最早的纸币"交子"。从而为中国古代孕育出又一个璀璨的文明高峰。这些功绩的取得与赵匡胤的继任者赵光义继承与完善他的政策也有很大的关系。

1. 萧规曹随

作为北宋王朝的第二代皇帝，赵光义即位后继续统一大业，兴兵迫使吴越王献土归降，又亲征剿灭北汉，奠定了北宋的版图。更值得称道的是，他不仅鼓励垦荒，发展农业生产，而且重视文化教育，编纂《太平御览》等巨著，扩大科举取士规模，设考课院、审官院，加强对官员的考察与选拔，使许多寒门士子得以步入政坛，确立了影响深远的文官政治。

赵光义继位后，为了证明自己的能力，很想淡化太祖的色彩。但在治国理念上，却很难冲破太祖制定的有关制度框架。首先是因为他本身即是这些制度创意的参加者，另外太祖削藩固本、文武分治的措施对根治五代以来的骄兵悍将问题，成效甚大，也使他别无选择，只能萧规曹随。从某种意义上说，奠定两宋三百年制度格局是兄弟两人。

以藩镇问题为例。宋太祖在大力削弱藩镇掌兵权力的同时，多以经济特权予以补偿，表示安抚之意。驻守北部、西部边陲的将领，也受到优待。管榷（指丝茶专卖）的利润，全部由其收取支配。边将开展的边境贸易政府也都不征税。因此，当时的边将财力雄厚，他们在戍边过程中开展了卓有成效的工作，西、北边境一时无忧，保证了征南工作的进行。但太宗即位的第二年（太平兴国二年）正月，即改变了以上诸项政策。其原因当然是因为在南方初步平定的情况下，国防形势已发生了很大变化，进一步加强对武将的控制也是自然的。当时他下诏禁止各地节度使从事贸易获利，不遵守朝廷政令者要受到地方官的告发。

对节度使的进一步处置措施是在太平兴国二年（977）五月完全罢置节度使。经过此步骤，太祖时代的老节度使全部罢职。太宗又厉行强干弱枝之术，相继废除藩镇辖支郡的制度，共将陕西、京西、京东、河北等地30多个支郡完全收归中央，最终完全废除了节度使统领支郡的制度。而且节度使所辖州郡，行政、边防、盗贼、刑讼、钱谷、监察等权力，全部转到朝廷派遣的转运使、安抚使、提点刑狱的手上，节度使几乎完全丧失权力，成为一空壳。转运使衙门变成北宋地方最高的行政机关。这个事件明显是个有着巨大意义的标志性事件，因为它说明从太祖以来中央与节度使双方的博弈，最终以皇帝一方的彻底取得上风而告结束。

在统一大业上，太宗赵光义并无大的建树，与乃兄相比，他可以说是个摘桃子的人，不费吹灰之力，就享受到一个太平的天下。

2. 继续统一事业

据说，华山道士陈抟得知宋代后周后，曾喜不自胜，说："天下自此定矣！"此说，如果是一个预言，那当然是准确的。不过，走向安定的过程却是历经腥风血雨、南征北战。因为天下并不是一次黄袍加身就能搞定的。无论如何，赵匡胤没有辜负那些美好的预言家及天下所有渴望和平安定生活的平民的期望。在登上皇帝大宝的十三年中，他凭借其仁厚爱人之德，悯人恤物之心，加上不惜戎马倥偬之劳，他先定周境，后平荆湖，灭后蜀，取南汉，攻南唐，最后柔服吴越，平定江南。

经过一代英主的连年征讨，宋朝疆域大增。到开宝九年（976）春，宋朝已经基本统一了中国本土，版图已由一百一十八个州增加到二百六十个，户数由九十六万七千多户增加到二百五十六万六千多户，人口上千万。南方已经基本平定，还剩下一个龟缩在福建一隅的陈洪进和吴越国的钱俶，都已成为随时可以收拾的囊中之物。史家分析赵匡胤统一之策奏效的原因，大致认为有各个击破、准备充分、优待降王、禁杀无辜、革除弊政等等各项。如赵匡胤对亡国的降王几乎一个不杀，还建馆安置，生活优越。此举不仅减少了统一的阻力，也是古往今来少有之举。赵匡胤底气十足，跃跃欲试。可惜，英雄暮年。上天没有给他留出足够长的时间，使他正值英年就死掉了。否则，以他的才略，收复燕云应该说不是完全没有可能。

至赵光义时代，他相继灭掉闽、吴越及北汉，完成了中国主要地区的统一。

五代中期，闽被南唐灭亡，原来割据漳、泉二州的留从效受到南唐的认可，受封为清源军节度使。北宋建立当年，留从效就上表称藩，得到赵匡胤的承认。建隆三年（962），从效去世，小儿子留绍镃继任。但牙将陈洪进诬指他要将土地献给吴越，把他捆送南唐。另推举统军副使张汉思任节度使留后，自己担任节度副使，掌握实权。其后，陈洪进干脆囚禁了张汉思，遣使到宋朝请求承认。赵匡胤当时立足未稳，不暇南顾，只是改清源军为平海军，允其所请为节度使。赵匡胤灭掉南唐，陈洪进因与吴越不和，即在宋太宗即位后不久进朝，受到赵光义的礼遇，但却滞留不放，陈洪进只得上表献土。

吴越在赵匡胤即位以来，即每年朝贡不绝，对宋朝的态度一直恭谨有加。赵匡胤曾约他会面，"以慰延想"，并保证让他归国。南唐灭亡次年，钱俶与妻、子入朝，赵匡胤隆重接待，赐他剑履上殿，书诏不名。太祖又信守诺言，放他回国，感动的钱俶含泪表示今后三年一朝。启程回国前，赵匡胤送他一个包装严密的黄包袱，嘱他路上细看。钱俶在路上打开，全是群臣要求扣留他的表章，他即觉惶恐不安。太平兴国三年，钱俶再次入朝，正赶上陈洪进献土。钱俶不安，自请去国王名号及书诏不名待遇，然后回国。但太宗赵光义不允，钱俶也只好献上全部国土，南方的十一国先后割据的局面彻底结束。

剩下的有点分量的割据势力就只有北汉了。北汉结盟于契丹，割据河东多年，但其灭亡，已是毫无悬念。太平兴国四年，宋太宗启动大军再攻北汉，一举攻破太原，北汉主刘继元献城投降，中原地区大部统一。但这也只是有限意义上的海内一统而已。在宋之西北，西夏正在悄悄崛起；在宋朝的北方，强大的辽帝国更是正处在鼎盛时期。因此，不仅太祖赵匡胤自己不能收复北边，就连雄心勃勃、两次尝试的宋太宗也完全没有找到统一的办法。收复燕云旧地，永远地成了遗憾，并且也成了北宋屡遭侵扰的祸根。

宋太宗之能收服北汉，已有太祖所奠基础在内。赵匡胤在统一方面达到的成就，已达到其时客观条件的极限，在创业建国与混一天下方面，他确实不愧是一代开国英主。即使在对待众多的降王方面，他都不循规蹈矩，能厚待这些亡国之君："诸王毕，四海一。妃嫔媵嫱，王子皇孙，辞楼下殿，辇来于宋。"但他们却过上了自古降王降君不可同日而语的生活。大到南唐李煜、后蜀孟昶，小到湖南周保权、荆南高继冲、南汉刘鋹、漳泉陈洪进、吴越钱俶，这些曾经的一方霸主、小国诸侯，在纳土受降后，无不保全首领。不只封爵赏官，还都在京师获颁甲第。子弟臣僚，或居肘腋之地，或职州郡兵民，很少因猜防而被杀戮的。当然，民间传说孟昶来京后不久暴毙，责任可能在太祖赵匡胤，因为他看上了孟昶的宠妃花蕊夫人。确实，孟昶死后不久，赵匡胤就将花蕊夫人娶进宫中。南唐李煜郁郁而终，有更多的证据指向了太宗赵光义，因为他喜欢上李煜的皇后小周后，就用牵机药毒死了后主李煜。小周后爱夫心切，就在李煜灵前自缢而死。有人就说兄弟两人一个害死孟昶娶了花蕊夫人，一个为娶小周后害死李煜，兄弟两人竟然有这么相似的喜好。虽然有这些不足，但各国降王的子弟臣僚入仕新朝后多数能终享天年。要做到这一点，没有点恢弘的气度，也是很难的。

还有人讲，天下统一的过程中，江南及后蜀等国的词臣乐工也辇来帝京，清丽的新词、婉转的新曲也都辐凑开封，宋朝文学园地一时繁花似锦。文以持国。五代以来，重武轻文，贱视士人、斯文扫地的风气一去不再，文学之兴一时可上继唐朝，青史有名了。

结　语

　　宋太祖赵匡胤生当五代乱世，出身行伍，成长为禁军统帅，又因缘际会，通过陈桥兵变做了北宋的开国之君。如果赵匡胤的事迹仅止于此，那他也只能青史留名，而不会有享誉古今的地位。关键是他受益于骄兵悍将的拥戴陋习，但却能一改改朝换代的血雨腥风，做到了和平过渡，兵不血刃，市肆安居。赵匡胤深知唐末以来藩镇割据之害，在自立为帝以后的 17 年间，对内加强中央集权，铲除藩镇势力。又实行兵将分离，扬文抑武，且在用人上实行文武分途而治，可谓深谋远虑，不遗余力。他创制很多宋朝独特的"祖宗家法"，一改相沿上百年之积弊，奠定南北宋三百年立国之基，保证了赵宋王朝力避五代覆辙，一脉相传，长治久安。

　　对外他继承周世宗柴荣开始的统一事业，短短十几年内即削平了南方各割据政权，其他如在吏治及与民休息等各个方面，无不卓有建树。成为与历史上那些开邦建国、啸傲千古的帝王比肩而毫不逊色的杰出帝王。明末清初著名思想家王夫之在《宋论》中这样评价赵匡胤，他说："宋太祖取得天下难免侥幸，然而平后蜀，下江南，拒契丹，偃戈息兵，颁布宽民之政，兴隆文治，以垂统于后世，甚至于已超过了汉、唐两朝。"

当然，宋代的治理给人最大的口实是积贫积弱，内外交困。此种局面虽与赵匡胤开邦立制的制度设计有关，主要还是与太宗以下诸帝不明太祖所创家法的精义，而"事为之防，曲为之制"，从而造成朝廷上下，"循默苟且，颓堕宽弛，习成风俗，不以为非"，最终百病缠身，积重难返，江河日下，国破家亡。

台湾学者陈文德先生在《北宋帝国危机生存》一书中总结说：北宋皇朝确实是一家先天不良、后天失调的艰苦企业。在偶然的变局中，赵匡胤接下了这家"在破产边缘的公司"：财务恶劣、组织散漫、没有文化、缺乏伦理，内部随时有可能爆发暴力式的争权或叛变。是赵匡胤对这家企业大刀阔斧地进行了改革，将它完全起死回生。

旧小说上的宋太祖赵匡胤像，有评语：豁达大度聪明神武，黄袍加身群生鼓舞

确实，按传统的标准，宋太祖取天下显然是有悖伦理的，但他逆取而顺守，无论是统一天下还是治理天下方面，均有可观。这与他好学不无关系。即使当了皇帝，他仍是手不释卷。他虽是一起起武夫出身，豪迈勇武，但骨子里却痛恨流血与暴力，陈桥兵变过程中完全避免了不必要的流血牺牲。即位后崇尚文治，削兵权，任文人以守土之责，从而确立了两宋"中央集权"和

"文治主义"的基本国策,一举改变了唐末以来藩镇跋扈的局面。

但宋太祖继五代乱世,难免矫枉过正。首先,天下精锐集中于中央,虽然保证了和平与秩序,但两宋积弱之源就此种下。中央集权后官僚机构叠床架屋,指挥层次增多,不得不维持庞大的行政官僚群体,且效率大幅下降,冗官问题初现苗头。尤其是弱兵之策。在兵不识将,将不识兵之后,军队战力大幅下降。另外,大批文官成为军事长官,虽不乏精通兵法以及统御技巧的儒将,但多数情况下外行领导内行,且远离前线,不能临机处置,宋朝军队战斗力可以想见。尤其是以金钱换和平,初衷虽不无可取之处,但到后世,却成为消极地赠送岁币逃避战争的借口,北宋一朝终于身受其害。用"成也萧何,败也萧何"来描述宋太祖赵匡胤开创大宋基业及亲手埋下亡国的祸根,也算合适吧!